LAURA MERTEN

ENDLICH VEGAN

Das geniale Einsteigerprogramm

INHALT

BASISWISSEN VEGANE ERNÄHRUNG   6

AB JETZT VEGAN 50

VEGAN KOCHEN

VORWORT

Die vegane Ernährung als Lösung für Verdauungsprobleme. Genau das war 2013 die Hoffnung meines damaligen Partners Jan, als er am Reizdarmsyndrom litt. Und so kam es, dass auch ich mich von heute auf morgen vegan ernährte. Das Interesse war groß, doch gab es damals kaum Bücher oder Blogs zu diesem Thema.

Vegane Ernährung bedeutet Verzicht auf alle tierischen Produkte. Was kann ich dann überhaupt noch essen? Diese Frage habe ich mir damals gestellt. In ausgewählten Bioläden habe ich das ein oder andere vegane Ersatzprodukt gefunden. Aber Geschmack? Fehlanzeige. Also dann ohne Ersatzprodukte, dachte ich mir.

Von heute auf morgen habe ich meine Ernährung auf rein pflanzlich umgestellt. Alle tierischen Produkte aus meinem Kühlschrank und dem Vorratsschrank habe ich an Freunde verschenkt. Ich fand einige Alternativen und ernährte mich von Obst, Brot, pflanzlichen Aufstrichen und Gemüse, doch im Grunde war ich in den ersten Wochen ziemlich ratlos unterwegs. Ich kann mich noch daran erinnern, dass ich damals im Supermarkt ein Produkt nach dem anderen gescannt habe und mich »Kann Spuren von ... enthalten« sehr verwirrt hat. Was mir nicht klar war: Auch wenn ein Produkt Spuren von Milch enthält, kann es vegan sein. Fragen wie »Woher bekommst du dein Protein?« und »Fehlen dir nicht total viele Nährstoffe?« haben mich zusätzlich verunsichert. Da die vegane Ernährung zu dem Zeitpunkt noch kaum präsent war in der Gesellschaft, war es zudem unterwegs auf Reisen oder im Restaurant sehr schwer, etwas Veganes zu finden.

BEGEISTERNDE VIELFALT

Als ich dann die wenigen Bücher zur veganen Lebensweise, die es damals gab, gelesen hatte, war ich super überzeugt und euphorisch. Ich erfuhr, dass es eine große Vielfalt an pflanzlichen Lebensmitteln gibt, und lernte eine ganz andere Art von Genuss kennen. Letztlich wurde die Auswahl an Lebensmitteln für mich nicht kleiner, sondern viel größer. Ich aß nun auch Hülsenfrüchte und Nüsse sowie mehr Gemüse und konnte schon nach kurzer Zeit einen Unterschied feststellen. Ich fühlte mich viel fitter, war nicht mehr ständig müde und hatte ein deutlich besseres Körpergefühl als vor meiner Ernährungsumstellung. Da es mir so gut ging, wollte ich jeden von der veganen Ernährung überzeugen. Leider dachte ich damals, der einzig richtige Weg sei die direkte Konfrontation. Ich war sehr missionarisch unterwegs, habe jedem den Spiegel vor das Gesicht gehalten und jede andere Ernährungsform als schlecht dargestellt. Im Dezember 2013 habe ich mit Jan einen YouTube-Kanal mit dem Namen »Semper Veganis« erstellt, weil wir unsere persönlichen Erfahrungen mit der veganen Ernährung mit anderen teilen wollten.

FUNDIERTES WISSEN ÜBER ERNÄHRUNG

Nach und nach wurde mir klar, dass mein damaliger Studiengang nicht das Richtige für mich war. Ich wollte etwas in Richtung Ernährung machen, das interessierte mich und ich konnte mir vorstellen, in diesem Bereich zu arbeiten. Also begann ich mit dem Ökotrophologie-Studium, das ich mit dem Bachelor abschloss. Anschließend machte ich meinen Master in Ernährungswissenschaften. In der Zeit des Studiums hat sich meine Sicht auf die vegane Ernährung nach und nach etwas geändert. Ich bin immer noch der Überzeugung, dass eine pflanzenbasierte Ernährung für die meisten Menschen vorteilhaft ist, bin aber nicht mehr so fanatisch. Auch konnte ich immer mehr wissenschaftliche Erkenntnisse über Ernährung sammeln. Diese teile ich mittlerweile unter dem Name »Satte Sache« bei Instagram, im Blog und als Podcast. Dort findest du übrigens auch leckere pflanzliche Rezepte. Da die vegane Ernährung in den letzten Jahren an Beliebtheit gewonnen hat, gibt es immer mehr Studien dazu. Längst nicht alle sind aussagekräftig genug, um wissenschaftlich fundierte Empfehlungen auszusprechen. Klar ist aber, dass eine Ernährung mit hohem Pflanzenanteil viele positive Effekte auf die Gesundheit hat. Deshalb freut es mich umso mehr, dass immer mehr Menschen die vegane Ernährung ausprobieren. Ob sie letztlich komplett dabeibleiben, spielt erst mal keine Rolle.

VIER WOCHEN LECKER VEGAN ESSEN

Mein Ziel ist es, Menschen von der Vielfalt pflanzlicher Lebensmittel zu begeistern und auf ihrem Weg zu unterstützen. Denn Unsicherheit, Ratlosigkeit und Überforderung können daran hindern, etwas Neues auszuprobieren. Und genau deshalb habe ich dieses Buch geschrieben. Es soll dir die ersten Schritte zu einer veganen Ernährung erleichtern und dich im wahrsten Sinn des Wortes auf den Geschmack bringen. Zunächst schauen wir uns an, was in den Lebensmitteln steckt. Genauer gesagt: Was sind Makro- und Mikronährstoffe? Auf welche Nährstoffe musst du bei einer veganen Ernährung besonders achten? Ein wichtiges Thema sind Nahrungsergänzungsmittel. Ich beschreibe, welche du wirklich brauchst und was du bei der Auswahl beachten solltest. Zudem helfe ich dir, deinen veganen Speiseplan zusammenzustellen.
Nach dem ganzen Theoriekram geht's an die Umsetzung. Was sind die ersten Schritte? Wo stecken überall tierische Zutaten drin, die auf den ersten Blick nicht zu erkennen sind? Sind vegane Ersatzprodukte gesund und wie finde ich gute Alternativen? Ich zeige dir, welche Lebensmittel sich in deinem Vorratsschrank befinden sollten und wie du auch unterwegs vegan essen kannst.
Um dir den Umstieg zu erleichtern, habe ich 72 Rezepte zusammengestellt, die veranschaulichen, wie vielfältig und lecker die vegane Ernährung ist. Die Rezepte verteilen sich auf vier Wochen – von leicht bis etwas aufwendiger. Du musst natürlich nicht strikt nach den Wochenplänen kochen. Such dir deine Favoriten aus und leg einfach los, wie du Lust hast.
Das Buch bietet dir also genügend Rezepte, um dich vier Wochen lang abwechslungsreich vegan zu ernähren. Nach diesen vier Wochen kannst du für dich ein Resümee ziehen: Frage dich, ob du dich weiterhin vegan ernähren möchtest oder ob es einfach eine Challenge für dich war.
Wie auch immer du dich entscheidest – ich hoffe, dass du Spaß an der Sache hast und deinen persönlichen Weg findest. Auch wenn du wieder tierische Produkte in deinen Speiseplan integrierst, machst du das nach diesen vier Wochen sicherlich bewusster. Und genau das sollte Ernährung sein: bewusst. Die Lebensmittel schätzen und dem Körper die gesunde Ernährung ermöglichen, die er verdient hat.

Ich wünsche dir jedenfalls eine tolle Zeit und ganz viel Spaß!

Deine Laura

BASISWISSEN VEGANE ERNÄHRUNG

Die vegane Lebensweise findet immer mehr Anhänger. Was steckt dahinter? Warum ernähren Menschen sich vegan? Wie geht das genau und welche Vorteile und Risiken sind damit verbunden? In diesem Kapitel erfährst du alles, was du wissen musst, wenn du mit dem Gedanken spielst, die vegane Ernährung auszuprobieren.

WARUM ÜBERHAUPT VEGAN?

Vegan liegt im Trend. Es ist nicht nur eine Ernährungsweise, sondern eine Lebenseinstellung. Und auch wenn bestimmte Produkte nicht auf dem Speiseplan stehen, ist von Verzicht keine Rede, sondern die Devise lautet »besser genießen«.

WAS IST VEGANE ERNÄHRUNG?

Es gibt eine große Bandbreite an Ernährungsformen mit unzähligen Varianten. In der Regel werden bestimmte Lebensmittelgruppen weggelassen oder Zubereitungsarten bevorzugt. Nach wie vor sind die meisten Menschen Omnivoren, sie essen also alles. Doch immer mehr kaufen und genießen bewusster. So wird die Gruppe der Flexitarier immer größer, also die Menschen, die ihren Fleischkonsum stark reduzieren. Vegetarier wiederum meiden tierische Produkte teilweise. Hierbei gibt es verschiedene Abstufungen. So verzichten zum Beispiel Ovo-Lacto-Vegetarier auf Fleisch, Fisch und die daraus gewonnenen Produkte, essen aber Milchprodukte und Eier.

Die vegane Ernährung ist eine Untergruppe des Vegetarismus. Hier werden konsequent alle Produkte gemieden, die tierischen Ursprungs sind, also Fleisch, Fisch, Eier, Milchprodukte und auch Honig. Dazu zählen auch tierische Zusatzstoffe, also Produkte, bei deren Herstellung tierische Bestandteile verwendet wurden, wie zum Beispiel Gelatine. Selbst wenn das jetzt nach einem ziemlichen Verzicht klingt, gibt es immer noch eine riesige Auswahl an Lebensmitteln, die gegessen werden. Es ist lediglich darauf zu achten, von allen Nährstoffen, die der Körper braucht, genügend zu sich zu nehmen – was aber bei jeder Ernährungsform wichtig ist, ob vegetarisch, omnivor oder Mischkost.

GUT ZU WISSEN

Bei der veganen Ernährung werden alle tierischen Lebensmittel konsequent gemieden. Daher glauben viele, dass diese Ernährungsform immer mit einem großen Verzicht und Nährstoffmangel einhergeht. Tatsächlich muss das nicht sein. Denn eine vegane Ernährung bietet viele Vorteile. Welche das sind, erfährst du in diesem Kapitel.

10 GRÜNDE FÜR EINE VEGANE ERNÄHRUNG

Die Gründe für eine vegane Ernährung sind vielfältig. Doch es gibt einige Punkte, die viele Veganer nennen, wenn sie danach gefragt werden.

1. Gut für das Tierwohl

Dass die Massentierhaltung grausam ist, muss ich dir nicht erzählen, das ist allseits bekannt. Natürlich gibt es auch etwas tiergerechtere Haltung, aber dennoch leiden die Tiere. Das gilt nicht nur für die Produktion von Fleisch, sondern auch für die von Milch und von Eiern.

2. Veganes Essen ist lecker

Wenn du vegan werden willst, kannst du immer noch alle Lieblingsspeisen essen, einschließlich Burger, »Hähnchen«-Sandwiches und Eiscreme. Der einzige Unterschied: Du verzichtest auf die Grausamkeit und das Cholesterin, die Hand in Hand mit der Verwendung von Tieren als Lebensmittel gehen. Da die Nachfrage nach veganen Lebensmitteln stark steigt, bringen Unternehmen immer mehr köstliche fleisch- und milchfreie Optionen auf den Markt, die großartig schmecken, teilweise gesünder sind als ihre tierischen Gegenstücke und keine Lebewesen verletzen.

3. Den Welthunger reduzieren

Der Verzehr von Fleisch schadet nicht nur den Tieren, sondern auch den Menschen. Es werden Tonnen von Getreide und Wasser benötigt, um Nutztiere aufzuziehen. Tatsächlich braucht man bis zu 13 Kilogramm Getreide, um 1 Kilogramm Tierfleisch zu produzieren. Die pflanzliche Nahrung könnte viel effizienter genutzt werden, wenn die Menschen sie einfach direkt essen würden. Je mehr Menschen sich pflanzenbasiert ernähren, desto besser könnten die Ressourcen in der Dritten Welt genutzt werden.

4. Den Planeten schützen

Fleisch ist nicht umweltfreundlich. Die Fleischproduktion ist verschwenderisch und verursacht eine enorme Umweltverschmutzung, und die Fleischindustrie ist mit eine der größten Ursachen für den Klimawandel. Sich vegan oder pflanzenbasiert zu ernähren ist im Kampf gegen den Klimawandel effektiver als lediglich der Umstieg auf ein »grüneres« Auto. Tatsächlich ist es in Bezug auf die Umwelt besser, Wildfleisch zu essen statt Fleisch aus der Massentierhaltung.

5. Das Risiko für Diabetes Typ 2 reduzieren

Diabetes Typ 2 gehört zu den häufigsten chronischen Erkrankungen in der westlichen Gesellschaft. Er ist ernährungsmitbedingt, daher kann eine Ernährungsumstellung dazu beitragen, ihn zu vermeiden. Eine ausgewogene pflanzenbasierte Ernährung wirkt sich positiv auf die Insulinsensitivität aus und kann so das Risiko für einen Diabetes Typ 2 reduzieren.

6. Vegane Ernährung ist günstig

Zwar ist besonders Fleisch und Wurst teilweise sehr billig, was dazu verleiten mag, aus finanziellen Gründen Fleischprodukte statt Obst und Gemüse zu kaufen. Dennoch ist eine vegane Ernährung, die man selbst aus Grundnahrungsmitteln sowie aus frischen und nicht verarbeiteten Lebensmitteln zubereitet, im Gesamten günstig.

7. Die Verdauung optimieren

Viele Menschen haben immer mal wieder Probleme mit der Verdauung. Mal haben sie Durchfall, mal Verstopfung – wenn keine Krankheit die Ursache ist, hängt dies in den meisten Fällen mit der Art der Ernährung zusammen. Eine rein pflanzliche Ernährung trägt dazu bei, die Verdauung zu normalisieren, da sie zum Beispiel – im Gegensatz zu Fleisch – viele Ballaststoffe enthält. Natürlich gilt das für eine ausgewogene vegane Ernährung, die nicht nur aus Ersatzprodukten besteht.

8. Es war noch nie einfacher

Noch vor fünf Jahren war es kompliziert, sich vegan zu ernähren, man musste seine eigenen Produkte mitbringen und sich oft erklären. Heute ist es absolut kein Problem mehr. Vor allem in den Städten bieten die meisten Restaurants vegane Optionen an oder sind zumindest offen für Änderungswünsche. Jeder Supermarkt und Discounter hat vegane (Ersatz-)Produkte im Sortiment und es gibt immer öfter Aktionen mit speziellen veganen Produkten.

9. Bessere Haut

Tatsächlich berichten viele, die sich vegan ernähren, dass sich seit der Umstellung ihre Haut deutlich verbessert hat. Das liegt hauptsächlich an dem Weglassen von Milchprodukten, die einer der häufigsten Auslöser für Pickel, Akne und Neurodermitis sind. Ein weiterer Aspekt ist, dass sich die Menge an gesättigten Fettsäuren und Transfetten in der Ernährung reduziert.

10. Weltweit Wasser sparen

Satte 69 Prozent des weltweiten Süßwasserverbrauchs entfallen auf die Landwirtschaft. Ein Drittel davon wird für die Fleischproduktion benötigt. Stell dir vor, wie viel sauberes Wasser wir den Bedürftigen zur Verfügung stellen könnten, wenn wir nur weniger Cheeseburger essen würden. Das Füttern (und Mästen) von Nutztieren erfordert auch große Mengen an Getreide. Manche behaupten, dass die Menge an Getreide, die allein in den USA für die Fleischproduktion verwendet wird, 800 Millionen Menschen weltweit ernähren könnte.

Gemüse, Obst und Salat schmecken und sind gesund – ob roh oder gegart.

SPEZIELLE VEGANE ERNÄHRUNGSFORMEN

Vegane Ernährung bedeutet also, sich rein pflanzlich zu ernähren und alle Produkte tierischen Ursprungs zu meiden. Sie kann wiederum mit andern Ernährungsformen kombiniert werden, die zum Beispiel auf die Art der Zubereitung abzielen oder auch auf den Anteil der Makronährstoffe wie Kohlenhydrate und Fette. Wahrscheinlich hast du von einigen der im Folgenden beschriebenen Ernährungsformen schon gehört, sie können auch mit einer normalen Mischkost verbunden sein.
Jede Ernährungsform folgt ihren eigenen Regeln, doch eines haben alle gemeinsam: Es ist darauf zu achten, dass alle wichtigen Nährstoffe aufgenommen werden, damit keine Mangelerscheinungen auftreten.

Rohkost

Die wohl gängigste Definition für die Rohkost-Ernährung, die auch heute noch als wissenschaftlicher Standard gilt, stammt aus der Rohkost-Studie der Justus-Liebig-Universität Gießen (1996–1998). Demnach handelt es sich bei Rohkost um eine Kostform, »die weitgehend oder ausschließlich unerhitzte pflanzliche (teilweise auch tierische) Lebensmittel enthält. Es werden auch Lebensmittel einbezogen, die verfahrensbedingt erhöhten Temperaturen ausgesetzt sind (z. B. kalt geschleuderter Honig und kalt gepresste Öle), ebenso Lebensmittel, bei deren Herstellung eine gewisse Hitzezufuhr erforderlich ist (z. B. Trockenfrüchte, -fleisch, -fisch und bestimmte Nussarten). Außerdem können kalt geräucherte Erzeugnisse (z. B. Fleisch und Fisch) sowie essig- und milchsaure Gemüse Bestandteil der Rohkost sein.«
Die Rohkost-Ernährung basiert auf dem Gedanken, dass die Lebensmittel bis maximal 42 °C erhitzt werden dürfen, da sonst wichtige Vitamine und Nährstoffe zerstört werden. Manche Nährstoffe sind tatsächlich temperaturempfindlich, doch bei anderen kann durch das Erhitzen die Bioverfügbarkeit steigen. Dennoch gilt Rohkost aufgrund des hohen Anteils an Vitaminen, Mineralstoffen sowie Ballaststoffen und sekundären Pflanzenstoffen als

gesund. Sie kann dabei helfen, gesundheitliche Beschwerden wie chronische Verstopfung oder Darmträgheit zu verbessern. Nicht bewiesen ist jedoch, dass eine Rohkost-Ernährung Krebs vorbeugen oder sogar heilen kann. Bei der Kombination von veganer und Rohkost-Ernährung ist insbesondere auf die ausreichende Versorgung mit Eiweiß zu achten, da Fleisch und Fisch nicht erlaubt sind und die proteinreichen Hülsenfrüchte nicht roh verzehrt werden können. Unstrittig ist: Jede ausgewogene Ernährung sollte auch Rohkost enthalten. Die Deutsche Gesellschaft für Ernährung (DGE) empfiehlt täglich drei Portionen Gemüse (400 g) und zwei Portionen Obst (250 g). Bei dem Gemüse sollte die Hälfte Rohkost bzw. Salat sein.

High Carb

Bei der High-Carb-Diät werden reichlich Kohlenhydrate gegessen – aber nur pflanzliche, die zudem fettarm auf den Teller kommen. Ungefähr 80 Prozent der Gesamtenergie sollten aus Kohlenhydraten stammen. Die Ernährung basiert auf unverarbeiteten stärkehaltigen Lebensmitteln wie Kartoffeln, Reis, Mais oder Hülsenfrüchten. Weißmehl und Zucker enthalten zwar auch viele Kohlenhydrate, sind aber zu vermeiden. Fettreiche Lebensmittel wie Nüsse, Samen, Oliven und Avocados sind erlaubt, wobei es keine reinen Speisefette in Form von Ölen sein dürfen.

Eine kohlenhydratbetonte Ernährung scheint für gesunde Menschen durchaus langfristig umsetzbar zu sein, nicht aber für Menschen mit gestörtem Stoffwechsel. Dazu zählen Adipöse, Diabetiker oder Personen mit einer Fettleber. Hier sollte der Anteil an Kohlenhydraten geringer und dafür der Anteil an Proteinen höher sein.

Einer der häufigsten Kritikpunkte ist der geringe Fettanteil, besonders das Weglassen gesunder Pflanzenöle wie Leinöl oder Olivenöl. Dadurch könnte ein Mangel an Omega-3-Fettsäuren entstehen, der langfristig einen negativen Effekt auf die Gesundheit hat. Auch ist unbedingt auf eine ausreichende Proteinzufuhr zu achten. Hülsenfrüchte sind dafür eine gute Quelle.

Low Carb

Es gibt keine eindeutig Definition für eine Low-Carb-Ernährung, aber in den meisten Fällen wird darunter eine Diät verstanden, bei der am Tag nicht mehr als 150 Gramm Kohlenhydrate aufgenommen werden. Bei einer täglichen Kalorienzufuhr von 2 000 Kilokalorien entspricht das etwa 30 Prozent. Das ist deutlich weniger, als die DGE empfiehlt: Danach sollte der Kohlenhydratanteil über 50 Prozent der Gesamtkalorien betragen.

Trotzdem ist die Low-Carb-Ernährung für viele Menschen gesund und kann empfohlen werden. Bei einer rein pflanzlichen Ernährungsweise fallen Milchprodukte, Fisch und Fleisch weg, es gibt aber trotzdem eine große Auswahl an geeigneten Lebensmitteln.

- Viele Gemüsesorten sind kohlenhydratarm, darunter Tomaten, Blumenkohl, Auberginen, Brokkoli, Paprika, grünes Blattgemüse und Rosenkohl.
- Frische Beeren enthalten im Vergleich zu anderem Obst wenig Kohlenhydrate.
- Fettreiche Früchte wie Avocados und Oliven sind sehr gesund und haben einen hohen Fett- und gleichzeitig niedrigen Kohlenhydratgehalt.
- Außerdem sind Walnüsse, Mandeln, Leinsamen und Chiasamen sowie Tofu zu empfehlen.

Ketogen

Bei der ketogenen Ernährung werden pro Tag maximal 50 Gramm Kohlenhydrate und moderate Mengen Eiweiß gegessen. Fett ist der Fokus und liefert den größten Anteil an Kalorien. Da sehr wenige Kohlenhydrate gegessen werden, entsteht kein Überschuss und der Körper lagert kein Glykogen ein (Seite 13). Braucht der Körper nun Energie, bezieht er sie aus den Fettdepots (Ketose).

Bei der ketogenen Ernährung ist Kontrolle sehr wichtig. Als Langzeit-Ernährungsform ist sie eher nicht geeignet, sie sollte nur über einen bestimmten Zeitraum befolgt werden. Es ist sinnvoll, die Kohlenhydratzufuhr langsam zu reduzieren und nach dem Ende der Keto-Diät die Kohlenhydratmenge langsam wieder zu erhöhen.

Gute Fettquellen in der ketogenen Ernährung sind Kokosnuss (Kokosmilch, Kokosflakes), Mandeln (Mandeldrink, Mandelmus), Walnüsse, Avocado, Samen (Leinsamen, Hanfsamen, Chiasamen, Sesamsamen), Paranüsse, Macadmianüsse und Oliven. Als Öle werden Olivenöl, Leinöl, Kokosöl, MCT-Öl, Rapsöl, Kürbiskernöl und Mandelöl empfohlen. Gute Eiweißquellen sind Soja (Tofu, Tempeh), Brokkoli, grünes Blattgemüse (Blattspinat, Grünkohl), Hanfsamen und Hanfprotein sowie Lupinen.

Fruganismus

Frutarier oder Fruganer verzehren nur Lebensmittel, bei deren Ernte die Pflanze nicht beschädigt wird. Dazu zählen Obst, Nüsse und Samen, aber auch manche Getreidesorten und bestimmtes Gemüse. Getreide wird ausgeschlossen, weil es in Monokulturen angebaut wird. Knollen oder Wurzeln wie Kartoffeln oder Zwiebeln sind ebenfalls nicht erlaubt. Manche Frutarier versuchen sogar, nur Obst, das von selbst vom Baum gefallen ist, zu verzehren.

Als Grund für die Ernährungsform wird oft das Leben in Einklang mit der Natur genannt. Aber diese starke Einschränkung hat möglicherweise gesundheitlich negative Folgen. Zwar gibt es einige Beispiele von Frutariern, die laut eigener Aussage keine Defizite haben. Dennoch warnen Mediziner und Ernährungsfachkräfte vor dieser Ernährungsweise. Je stärker die Einschränkung, desto wahrscheinlicher tritt ein Nährstoffmangel auf.

Ob High Carb, Low Carb oder Rohkost – auf Genuss muss nicht verzichtet werden.

WAS IN DEN LEBENS-MITTELN STECKT

Makronährstoffe? Mikronährstoffe? Was steckt hinter diesen Begriffen und wie wichtig sind sie für unsere Gesundheit? In diesem Kapitel erfährst du alles über die verschiedenen Bestandteile unserer Nahrung, welche Aufgaben und Funktionen sie haben, was sie für unsere Gesundheit bedeuten und wie du dich mit allem gut versorgst.

In unseren Lebensmitteln befinden sich alle Nährstoffe, die der Körper braucht, um zu funktionieren und gesund zu bleiben. Sie werden in zwei große Gruppen eingeteilt: in Makronährstoffe und Mikronährstoffe. Um deutlich zu machen, was sich hinter diesen Begriffen verbirgt, machen wir einen kleinen Exkurs in die Ernährungsphysiologie.

- Die Makronährstoffe sind die Komponenten in unserer Ernährung, die Energie liefern: Kohlenhydrate, Fette und Eiweiß.
- Zu den Mikronährstoffen zählen Vitamine, Mineralstoffe, Spurenelemente und sekundäre Pflanzenstoffe. Sie liefern keine Energie, sind aber wichtig für zahlreiche Vorgänge im Organismus und daher unentbehrlich.

MAKRONÄHRSTOFFE

Ein natürliches Lebensmittel enthält immer alle drei Makronährstoffe, jedoch in unterschiedlichen Anteilen. Manche Lebensmittel enthalten mehr Kohlenhydrate und weniger Fett, andere wiederum viel Eiweiß, viel Fett und kaum Kohlenhydrate.

Kohlenhydrate

Kohlenhydrate dienen in unserem menschlichen Organismus primär als Brennstoffe – sie liefern Energie – und als Energiespeicher. Die Energie wird in Form von Glykogen in unserer Leber und Muskulatur gespeichert. Bei Kohlenhydraten handelt es sich im chemischen Sinn um Zucker. Abhängig von der Anzahl der miteinander verbundenen Zuckermoleküle unterscheidet man zwischen Einfach-, Zweifach- und Mehrfachzucker.

- **Einfachzucker** (Monosaccharide): Glukose (Traubenzucker), Fruktose (Fruchtzucker) und Galaktose (Schleimzucker). Einfachzucker findet man zum Beispiel in Früchten oder Süßigkeiten.
- **Zweifachzucker** (Disaccharide): Saccharose (Haushaltszucker), Laktose (Milchzucker) und Maltose (Malzzucker). Unser Haushaltszucker ist ein Zweifachzucker, er befindet sich unter anderem in Ahornsirup.
- **Mehrfachzucker** (Polysaccharide): Amylose, Amylopectin und Glykogen. Diese Zucker kommen zum Beispiel in Getreiden und Kartoffeln vor, aber auch in der Muskulatur und in der Leber, die als Glykogenspeicher dienen.
- **Ballaststoffe** sind ebenfalls Kohlenhydrate. Sie nehmen eine Sonderrolle ein, da sie keine Energie liefern und vom Körper nicht verwertet werden können.

Allein unser Gehirn benötigt pro Tag etwa 140 Gramm Glukose und muss dementsprechend versorgt werden. Wird nicht ausreichend Energie und Glukose aufgenommen, geht der Körper an seine Glykogen- und Laktat-Reserven. Sind die wiederum leer, baut der Körper Aminosäuren oder Glycerin ab, um daraus Glukose zu erzeugen. Verschiedene Quellen empfehlen eine Kohlenhydrataufnahme von mehr als 50 Prozent der Gesamtenergiemenge pro Tag.

Mit Sicherheit hast du schon oft gehört, dass Kohlenhydrate dick machen sollen. Low Carb ist angesagt, Panikmache und irreführende Berichte haben dazu geführt, dass viele Menschen sich davor fürchten, Brot, Pasta, Kartoffeln oder Reis zu essen. An dieser Stelle möchte ich dir die Angst vor Kohlenhydraten nehmen, denn sie sind der Energiegeber Nummer 1 für unseren Körper. Es ist keinesfalls notwendig, komplett darauf zu verzichten, auch darfst du ruhig nach 18 Uhr noch Kartoffeln essen. Du solltest keinen der drei Makronährstoffe – Kohlenhydrate, Fette und Eiweiß – verteufeln. Jeder von ihnen leistet seinen Beitrag zu einer optimalen Gesundheit.

Du brauchst also keine Angst vor Kohlenhydraten zu haben. Vielmehr sind sie fester Bestandteil einer gesunden und abwechslungsreichen Ernährung. Allerdings gilt es darauf zu achten, in welcher Form du Kohlenhydrate zu dir nimmst. Dafür gibt es eine einfache Faustregel: Iss möglichst ganze und naturbelassene Lebensmittel und meide stark verarbeitete, raffinierte Produkte.

- lieber ganzes Obst als ein Smoothie oder Fruchtsaft
- Vollkornreis oder Parboiled Reis statt poliertem, weißem Reis
- lieber Kartoffeln als Pommes Frites oder Chips

Eiweiß

Eiweiß, also Protein, ist weniger für die direkte Energieversorgung, sondern vielmehr für den Aufbau von Körpersubstanzen wichtig. Die Struktur von Proteinen kannst du dir wie eine Perlenkette vorstellen: Die Perlenkette ist das Protein und die einzelnen Perlen sind Aminosäuren. Die Schnur, auf der die Perlen aufgefädelt sind, entspricht den Verbindungen zwischen diesen Aminosäuren. Proteine bestehen folglich aus vielen einzelnen Aminosäuren, so wie die Perlenkette aus vielen einzelnen Perlen besteht.

Es gibt insgesamt 20 proteinaufbauende Aminosäuren, die solche Perlenketten in unserer Nahrung bilden. 8 von diesen 20 Aminosäuren werden als essenziell eingestuft, sie sind also unentbehrlich

LOW-CARB-DIÄT

Übergewicht und Fettleibigkeit werden in unserer westlichen Gesellschaft zunehmend zum Problem. Immer mehr Menschen wollen abnehmen. Da klingen Ratschläge wie »Lassen Sie einfach die Kohlenhydrate weg und die Pfunde purzeln« großartig. Leider wird dies sehr wahrscheinlich auf Dauer nicht funktionieren. Denn Low-Carb-Diäten zielen meist auf einen schnellen, aber nicht nachhaltigen Gewichtsverlust ab.

Der Grund dafür ist: Der Körper lagert Kohlenhydrate, die nicht sofort verbrannt werden, als Glykogen in Muskeln und Leber ein. Dabei bindet das Glykogen Wasser. Essen wir wenig Kohlenhydrate, mobilisiert der Körper Energie aus seinen Reserven. Am liebsten aus der effizienten Energiequelle Glykogen. Dabei geht nicht nur das Glykogen verloren, sondern auch Wasser. Das Resultat: Wir verlieren Gewicht, aber hauptsächlich in Form von Wasser.

Eine Low-Carb-Diät lässt also die Pfunde purzeln, aber meistens pendelt sich das Gewicht nach einer Weile ein. Daher kannst du dich kohlenhydratarm ernähren, auch wenn du nicht abnehmen möchtest.

für unseren Organismus. Dazu zählen Histidin, Isoleucin, Leucin, Lysin, Methionin, Phenylalanin, Threonin, Tryptophan und Valin. Unter bestimmten Bedingungen können auch weitere, sogenannte bedingt essenzielle Aminosäuren, essenziell sein. Das trifft zum Beispiel auf Homocystein bei Neugeborenen zu.

Im Eiweißstoffwechsel werden die Aminosäuren immer wieder neu kombiniert, um die verschiedenen Aufgaben in unserem Körper zu erfüllen.

- Strukturproteine (z. B. Kollagen), meist aus langen Aminosäureketten, für die Stabilität des menschlichen Organismus
- Speicherproteine (z. B. Ferritin = Eisenspeicher)
- Motorproteine (z. B. Aktin und Myosin für Muskelkontraktion)
- Transportproteine (z. B. Hämoglobin)
- Rezeptorproteine für das Immunsystem
- Peptidhormone (z. B. Insulin)

Jedes Nahrungsmittel hat sein typisches Aminosäurenmuster, also seine ganz spezifische Zusammensetzung der einzelnen Bausteine. Daran misst sich die biologische Wertigkeit des Nahrungsmittel: Je mehr die Zusammensetzung unseren körpereigenen Eiweißen ähnelt, desto wertvoller sind sie für unseren Körper. Tierisches Eiweiß gilt allgemein als besser, aber auch pflanzliches Eiweiß kann bei einer geschickten Kombination der Nahrungsmittel einen sehr hohen biologischen Wert erreichen. Ideal ist eine Kombination verschiedener Lebensmittel, wie zum Beispiel Reis (mit einem geringen Gehalt an Lysin und Thiamin, aber einem hohen Methioningehalt) und Bohnen (geringer Methioningehalt, hoher Lysin- und Thiamingehalt). Zusammen liefern sie beispielsweise komplementäre Aminosäuren, die zur Deckung des Bedarfs an essenziellen Aminosäuren beitragen können. Du brauchst dir also keine Sorgen darum zu machen, ob bei der veganen Ernährung die Eiweißversorgung gesichert ist. Unser Körper verfügt über einen ausgeklügelten Aminosäuren-Pool, sodass wir nicht ständig alle Aminosäuren in optimalem Verhältnis aufnehmen müssen. Trotzdem kann es

GUT ZU WISSEN

Die Deutsche Gesellschaft für Ernährung (DGE) empfiehlt für gesunde Erwachsene täglich rund 0,8 Gramm Eiweiß pro Kilogramm Körpergewicht. Für Sportler, Säuglinge oder Kranke reichen diese Mengen jedoch meist nicht aus. Säuglinge haben in etwa einen Bedarf von 2,2 Gramm Eiweiß pro Kilogramm Körpergewicht und bei Sportlern werden häufig 1,5 bis 2 Gramm Eiweiß pro Kilogramm Körpergewicht empfohlen.

zu einem Mangel an gewissen Aminosäuren kommen, wenn man sich sehr einseitig und proteinarm ernährt.

Viele Menschen glauben, dass eine pflanzliche Ernährungsweise zu einem Proteinmangel führen kann. Mit diesem Mythos möchte ich aufräumen. Du brauchst keine Angst vor einem Proteinmangel zu haben, wenn du zum einen genug und zum anderen abwechslungsreich isst. Das heißt, du solltest reichlich Getreide, Nüsse, Samen, Hülsenfrüchte, Obst und Gemüse essen. Wie bereits erwähnt, erhöhen bestimmte Kombinationen die biologische Wertigkeit der Nahrungsmittel. Solche Kombinationen musst du nicht bei jeder Mahlzeit einhalten, aber einmal am Tag oder mehrmals in der Woche ist es durchaus sinnvoll, darauf zu achten. Das ist insbesondere für Sportler ratsam, die auf ihre Muskelmasse angewiesen sind.

Folgende Kombinationen erhöhen die biologische Wertigkeit der einzelnen Lebensmittel:

- Reis mit Bohnen, Linsen oder Erbsen
- Reis mit Tofu
- Kartoffeln mit Bohnen
- Kartoffeln mit Tofu
- Vollkornpasta mit Linsen
- Hirse mit Bohnen
- Quinoa mit Kichererbsen
- Süßkartoffeln mit Linsen
- Polenta mit Kichererbsen

EIWEISS-PULVER

Gerade in der Fitnessszene sind Eiweißshakes immer wieder Bestandteil von Diskussionen. Eines steht fest: Unbedingt notwendig sind sie nicht. Aber es kann durchaus sinnvoll sein, ein hochwertiges Proteinpulver als Ergänzung zur gesunden und ausgewogenen Ernährung heranzuziehen. Wenn man es eilig hat, nicht so gerne Hülsenfrüchte isst oder sie nicht verträgt, sind hochwertige pflanzliche Proteinpulver eine gute Wahl.

Fette

Fett erfüllt in unserem Körper viele Funktionen, unter anderem ist es wichtig für die Bildung verschiedener Hormone, als Träger fettlöslicher Vitamine und es liefert Energie. Die Fette in der Nahrung haben verschiedene Qualitäten, die sich aus ihrer Zusammensetzung ergeben, genauer gesagt: aus der jeweiligen Mischung der Fettsäuren.

- **Gesättigte** und **einfach ungesättigte Fettsäuren** können vom Körper selbst hergestellt werden.
- **Mehrfach ungesättigte Fettsäuren** sind essenziell, also lebenswichtig, und müssen mit der Nahrung aufgenommen werden. Die beiden wichtigsten und weitläufig bekannten essenziellen Fettsäuren sind Linolsäure (Omega-6) und Alpha-Linolensäure (Omega-3).

Linolsäure und Alpha-Linolensäure werden wiederum für die körpereigene Herstellung von »längeren« ungesättigten Fettsäuren benötigt, die vor allem in Fisch vorkommen. Bei einer veganen Ernährung fällt Fisch raus, daher kann die Versorgung mit diesen Omega-3-Fettsäuren kritisch sein (mehr dazu im Kapitel »Rundum gut versorgt«). Da Omega-3- und Omega-6-Fettsäuren im Körper von demselben Enzym verwertet werden, ist es empfehlenswert, sie in einem möglichst ausgeglichenen Verhältnis aufzunehmen: etwa 5:1 an Omega-6 zu Omega-3. In unserer Nahrung ist jedoch der Anteil an Omega-6-Fettsäuren im Durchschnitt deutlich höher als der an Omega-3-Fettsäuren. In der Folge sind die Enzyme mit der Verwertung von Omega-6 beschäftigt und das Omega-3 bleibt außen vor. Die DGE empfiehlt einen Fettanteil von 30 bis 35 Prozent der Gesamtenergiemenge. Diesen Empfehlungen solltest du folgen, denn Fette sind essenziell für unseren Körper, und Nahrungsfett ist enorm wichtig für einen ausgeglichenen Hormonhaushalt. Wie bei den anderen beiden Makronährstoffen gilt es auch hier, das richtige Maß zu finden. Und natürlich spielt die Qualität der Nahrungsfette eine Rolle. Deinen Fettbedarf über Chips oder tierische Fette zu decken, ist weniger sinnvoll. Empfehlenswert sind diese pflanzlichen Fettquellen:

- Kerne (z. B. Kürbiskerne, Sonnenblumenkerne)
- Nüsse (z. B. Walnüsse, Mandeln, Haselnüsse)
- Avocado
- Samen (z. B. Sesam, Leinsamen, Chiasamen, Hanfsamen) und daraus gewonnene Öle

MIKRONÄHRSTOFFE

Kommen wir zu den Mikronährstoffen. Wie eingangs gesagt, liefern Makronährstoffe Energie, die wir zum Überleben brauchen. Mikronährstoffe sind hingegen zuständig für zahlreiche Körperfunktionen. Ein Mangel führt nicht (unmittelbar) zum Tod, sondern hat zur Folge, dass verschiedene Körperfunktionen nicht mehr reibungslos ablaufen. Eine ausreichende Versorgung mit Mikronährstoffen ist für die Gesundheit und Leistungsfähigkeit daher unabdingbar.

So wie der Bedarf an Energie ist auch der Bedarf an Mikronährstoffen individuell unterschiedlich. Sportler benötigen nicht nur mehr Energie, sondern auch mehr Vitamine und Mineralstoffe als Menschen, die sich wenig bewegen. Auch Schwangere, Kranke, Kinder oder Alte haben unterschiedliche Bedarfe, diese variieren außerdem je nach Geschlecht.

Von der Deutschen Gesellschaft für Ernährung gibt es detaillierte Empfehlungen für die Aufnahme an Vitaminen und Mineralstoffen. Doch wahrscheinlich hast du weder Zeit noch Lust oder die Nerven,

»Iss bunt, iss gesund« lautet die Devise. Dann musst du keine Nährstofftabellen studieren.

dir jeden Tag aufs Neue genau zu überlegen, wie viel du von welchen Lebensmitteln essen musst, damit du mit 95-prozentiger Wahrscheinlichkeit deinen Bedarf deckst. Das ist auch nicht notwendig. Merke dir einfach den folgenden Leitsatz: **Iss bunt, iss gesund!**
Wenn du dich abwechslungsreich ernährst, die volle Farb- und Sortenvielfalt pflanzlicher Nahrungsmittel regelmäßig nutzt und genug isst, wirst du fast alle deine Nährstoffe abdecken können.

Beachte dabei jedoch, ob deine individuelle Situation – Alter, Geschlecht, Lebensstil – mit einem besonderen Bedarf einhergeht. Bei einer veganen Ernährung solltest du insbesondere Vitamin B12 ergänzen. Ansonsten ist es sinnvoll, hin und wieder deine Blutwerte untersuchen zu lassen (siehe Kapitel »Blutwerte – Check-up beim Arzt«). Im folgenden Kapitel gehe ich auf die Nährstoffe ein, auf die du bei einer veganen Ernährung ein besonderes Augenmerk legen solltest.

RUNDUM GUT VERSORGT

Bei der veganen Ernährung werden bestimmte Lebensmittelgruppen gemieden. Daher ist es wichtig, darauf zu achten, dass der Körper von allen Nährstoffen, die er braucht, genug bekommt. Auf welche Nährstoffe du besonders achten solltest und wie du einem Mangel vorbeugst, erfährst du in diesem Kapitel.

Laut der DGE gelten in der veganen Ernährung Vitamin B12, Vitamin B2, Vitamin D, Eisen, Kalzium, Jod, Selen, Zink und Omega-3-Fettsäuren als »potenziell kritische Nährstoffe«. Das bedeutet, dass bei einer veganen Ernährung das Risiko besteht, dass die Zufuhr dieser Nährstoffe unter den empfohlenen Mengen liegt, was auf Dauer das Risiko für Mangelerscheinungen erhöht. Die Zufuhr ist deshalb niedriger, weil pflanzliche Lebensmittel diese Nährstoffe in geringeren Mengen enthalten als tierische Lebensmittel. Zudem ist bei einigen die Bioverfügbarkeit schlechter, wenn sie aus pflanzlichen Quellen stammen, das heißt, der Körper kann weniger davon aufnehmen.
Das muss dich jedoch nicht beunruhigen und bedeutet nicht, dass eine vegane Ernährung ungesund ist. Zum einen sorgt eine rein pflanzliche Ernährung für eine sehr gute Versorgung mit vielen wichtigen Nährstoffen. Zum anderen führt die DGE auch für die Durchschnittsernährung einige potenziell kritische Nährstoffe auf: Jod, Vitamin D, Omega-3-Fettsäuren, Folsäure, Vitamin C und Magnesium, sekundäre Pflanzenstoffe sowie Ballaststoffe. Konzentrieren wir uns also darauf, wie es uns gelingt, von allen wichtigen Nährstoffen die notwendige Menge zu uns zu nehmen.

VITAMIN B12

Vitamin B12 (auch Cobalamin genannt) ist entscheidend für eine normale Funktion des Gehirns und Nervensystems. Der Stoffwechsel in jeder Körperzelle ist von Vitamin B12 abhängig, es aktiviert unter anderem die Folsäure, die für den Aufbau der DNA zuständig ist. Der Körper produziert jede Minute Millionen roter Blutkörperchen. Diese Zellen können sich ohne Vitamin B12 nicht richtig vermehren, daher kann ein zu niedriger Vitamin-B12-Spiegel langfristig zu Blutarmut (Anämie) führen.
Vitamin B12 ist wasserlöslich, wie auch alle anderen B-Vitamine. Das bedeutet, es kann sich in Wasser auflösen und durch den Blutkreislauf wandern. Der menschliche Körper kann Vitamin B12 bis zu vier Jahre lang speichern, ein Überschuss wird mit dem Urin ausgeschieden.
Das Vitamin kommt in Fleisch vor, kann aber auch synthetisch durch bakterielle Fermentation hergestellt werden. Die wichtigsten natürlichen Quellen sind Rindfleisch, Schweinefleisch, Geflügel, Fisch (insbesondere Thunfisch), Milchprodukte, einige Produkte aus Nährhefe und Eier. Mittlerweile werden auch Pflanzendrinks mit Vitamin B12 angereichert. Aufgrund seiner zentralen Aufgaben im Körper kann ein Mangel an Vitamin B12 zu irreversiblen und potenziell schweren Schäden führen, insbesondere im Nervensystem und Gehirn. Schon

KEY FACTS ZU VITAMIN B12

- Vitamin B12 ist wichtig für die Produktion der roten Blutkörperchen und den Erhalt einer normalen Gehirnfunktion.
- Ein Vitamin-B12-Mangel kann zu neurologischen Problemen und Anämie führen.
- Vitamin B12 kann im Körper bis zu vier Jahre gespeichert werden.
- Für Veganer ist eine Nahrungsergänzung die einzige sichere Vitamin-B12-Quelle; sie wird ausdrücklich empfohlen.
- Schätzwerte der DGE für eine angemessene Zufuhr sind für Menschen über 13 Jahre 4,0 Mikrogramm Vitamin B12 pro Tag.

ein leicht unter dem Normalwert liegender Vitamin-B12-Spiegel kann Mangelerscheinungen wie Depressionen, Verwirrtheit, Gedächtnisprobleme und Müdigkeit auslösen. Diese Symptome allein sind jedoch nicht spezifisch genug, um einen Vitamin-B12-Mangel zu diagnostizieren.

Langfristig kann der Mangel zu Taubheit und Kribbeln in den Händen und Füßen führen bis hin zu einer Anämie. Symptome einer Anämie sind zum Beispiel ein wunder Mund, Gewichtsabnahme, blasse oder gelbliche Haut, Durchfall und Menstruationsprobleme.

In der veganen Ernährung werden natürliche Vitamin-B12-Quellen vollständig ausgeschlossen. Um einem Mangel vorzubeugen, ist es daher empfehlenswert, ein Präparat einzunehmen. Vorher solltest du jedoch einen Arzt konsultieren, um den aktuellen Vitamin-B12-Spiegel zu bestimmen. Da der Körper das Vitamin bis zu vier Jahre speichern kann, ist eine Supplementierung vielleicht erst einige Zeit nach der Ernährungsumstellung notwendig.

VITAMIN D

Vitamin D ist aus vielen Gründen wichtig für den Körper, unter anderem für die Erhaltung gesunder Knochen und Zähne und Unterstützung des Immunsystems. Trotz seines Namens ist Vitamin D kein Vitamin, sondern ein Prohormon, also eine Vorstufe eines Hormons.

Auch wenn der Körper unter Sonneneinstrahlung selbst Vitamin D produzieren kann, leiden viele Menschen unter einem Mangel, weil nicht genügend Sonnenlicht auf die Haut gelangt. So reicht in den Wintermonaten Oktober bis März in Deutschland die Sonneneinstrahlung nicht aus. Ein hoher Lichtschutzfaktor kann die Fähigkeit des Körpers, Vitamin D zu produzieren, deutlich reduzieren, und auch wer nur mit bedeckter Haut ins Freie geht, hemmt damit die Produktion von Vitamin D. Natürlich ist ein Schutz sehr wichtig, jedoch reichen 10 bis 15 Minuten in der Sonne aus, um ausreichend Vitamin D bilden zu können. Menschen mit dunkler Hautfarbe haben eine höhere Konzentration des Pigments Melanin, was ebenfalls dazu führt, dass vergleichsweise weniger Vitamin D gebildet wird als bei hellhäutigen Menschen.

KEY FACTS ZU VITAMIN D

- Vitamin D ist wichtig für Knochen, Immunsystem, Nervensystem, Herz-Kreislauf-System und Insulinregulation.
- Vitamin D wird in der Haut gebildet, dazu ist allerdings das UV-Licht der Sonne notwendig. In Deutschland reicht die Sonneneinstrahlung zwischen Oktober und März nicht aus, es kann ein Vitamin-D-Mangel entstehen.
- Eine Supplementierung von Vitamin D ist in den Wintermonaten sinnvoll. Für Menschen, die sich kaum im Freien aufhalten, ist sie ganzjährig anzuraten.
- Als pflanzliche Quelle für Vitamin D gelten Pilze, allerdings reicht ihr Gehalt nicht aus, um den Bedarf vollständig zu decken.
- Die Empfehlung der DGE beträgt 800 Internationale Einheiten (IE) Vitamin D pro Tag.

Symptome eines Vitamin-D-Mangels sind häufige Infektionen, Müdigkeit, Rückenschmerzen, Antriebslosigkeit, schlechte Wundheilung, Haarausfall und Muskelschmerzen. Langfristig kann ein Mangel zu gesundheitlichen Problemen des Herz-Kreislauf-Systems oder zu neurologischen Erkrankungen führen.

Natürliche Vitamin-D-Quellen sind fettiger Fisch (z. B. Lachs, Makrele und Thunfisch), Eigelb, Käse, Leber und Pilze. Es gibt immer mehr pflanzliche Produkte, die mit Vitamin D angereichert sind, doch die Mengen reichen nicht aus, um einem Mangel vorzubeugen oder ihn gar auszugleichen. Bevor du Vitamin-D-Pillen in der Drogerie kaufst, sprich mit deinem Arzt und lass deinen aktuellen Status ermitteln. Dann kannst du die optimale Dosis bestimmen.

In der Sonne bildet unser Körper Vitamin D. Allerdings nur im Frühling und im Sommer.

VITAMIN B2 (RIBOFLAVIN)

Vitamin B2 (auch Riboflavin genannt) ist wichtig für Wachstum, Entwicklung und Funktion der Zellen im Körper. Es hilft auch, Nahrung in Energie umzuwandeln. Riboflavin ist hauptsächlich in tierischen Lebensmitteln wie Eiern, Fleisch und Milchprodukten enthalten. Das ist der Grund, weshalb Vitamin B2 als potenziell kritischer Nährstoff in einer veganen Ernährung angesehen wird.

KEY FACTS ZU VITAMIN B2

- Vitamin B2 wirkt als Antioxidans, es ist wichtig für die Energiegewinnung und die Immunabwehr.
- Gute pflanzliche Vitamin-B2-Quellen sind Vollkorngetreide, Hülsenfrüchte, Nüsse und Pilze.
- Durch das Keimen von Nüssen und Getreide kann Vitamin B2 vom Körper besser aufgenommen werden.
- Männer und Frauen brauchen unterschiedlich viel Vitamin B2. Die DGE empfiehlt als tägliche Zufuhrmenge für Frauen von 19 bis 51 Jahren 1,1 Milligramm, für Männer 1,4 Milligramm.

Ein schwerer Riboflavin-Mangel existiert in der westlichen Gesellschaft so gut wie nicht. Der Mangel tritt auch meist nicht alleine auf, sondern in Kombination mit anderen Mängeln, vor allem von Vitamin B1, Vitamin B6 und Folat. Typische Symptome sind Entzündungen der Mundschleimhaut und Zunge, eingerissene Mundwinkel und schuppige Ekzeme.

Die Riboflavin-Aufnahme kannst du optimieren, indem du Getreide und Hülsenfrüchte vor der Verwendung keimen lässt und im Dunkeln lagerst und später das Kochwasser wiederverwendest.

Pflanzliche Riboflavinquellen	
	Milligramm/100 Gramm
getrocknete Pilze	3,5
Hefeflocken	2,6
Mandeln	0,6
Champignons	0,4
Kürbiskerne	0,3
Austernpilze	0,3
Vollkornbrot	0,2
Brokkoli	0,2
Haferflocken	0,1

KALZIUM

Kalzium ist das am häufigsten vorkommende Mineral im Körper und für die Erhaltung der Knochen lebenswichtig. 99 Prozent des Kalziums im Körper befinden sich in den Knochen und Zähnen. Es ist auch notwendig für die Übertragung von Nervenimpulsen, unterstützt die Muskeltätigkeit und die Herz-Kreislauf-Funktionen.

KEY FACTS ZU KALZIUM

- Kalzium ist ein wichtiger Baustein von Knochen und Zähnen; zudem ist es wichtig für die Blutgerinnung, für die Reizweiterleitung im Nervensystem und die Stabilisierung der Zellmembran.
- Kalzium spielt eine wichtige Rolle im pH-Puffersystem des Menschen.
- Vitamin D unterstützt die Aufnahme von Kalzium im Körper.
- Pflanzliche Quellen für Kalzium sind dunkelgrünes Gemüse, Nüsse und Samen.
- Mineralwässer mit einem Gehalt von mindestens 150 Milligramm Kalzium pro Liter gelten als »kalziumreich«. Sie sind eine wichtige Kalziumquelle.
- Als tägliche Zufuhrmenge empfiehlt die DGE für Erwachsene über 19 Jahren 1000 Milligramm Kalzium.

Pflanzliche Kalziumquellen	
	Milligramm/100 Gramm
Sesamsamen	780
Mandeln	252
Haselnüsse	225
Amarant	214
Grünkohl	212
getrocknete Feigen	190
Tofu	105

Neben den in der Tabelle aufgeführten, zählt auch Mineralwasser ebenfalls zu den wichtigen Kalziumlieferanten: Wenn der Gehalt pro Liter mindestens 150 Milligramm Kalzium beträgt, darf das Mineralwasser als »reich« bezeichnet werden. Einige Mineralwässer enthalten sogar 250 bis 500 Milligramm Kalzium pro Liter. Eine weitere gute Quelle sind mit der Kalkalge Lithothamnium calcareum angereicherte Pflanzendrinks.

In Deutschland sind die Hauptquellen für Kalzium Milch und Milchprodukte. Daher wird eine vegane Ernährung häufig mit einem potenziellen Mangel in Verbindung gebracht. Natürlich ist es einfacher, den Kalziumbedarf durch Hartkäse und andere Milchprodukte zu decken als durch pflanzliche Lebensmittel. Dennoch ist es kein Problem, durch die Kombination von entsprechenden Lebensmitteln und kalziumreiche Mineralwässer ausreichend Kalzium zu sich zu nehmen, ohne einen Mangel befürchten zu müssen.

EISEN

Eisen ist ein wichtiger Mineralstoff und Hauptbestandteil des Hämoglobins, einer Art Protein in den roten Blutkörperchen, das den Sauerstoff von der Lunge in alle Teile des Körpers transportiert. Ohne genügend Eisen gibt es nicht genügend rote Blutkörperchen, um Sauerstoff zu transportieren, was unter anderem Müdigkeit verursachen kann.

Der Mineralstoff ist auch Bestandteil von Myoglobin, einem Protein, das Sauerstoff speziell im Muskelgewebe transportiert und speichert. Eisen ist wichtig für die gesunde Entwicklung des Gehirns und das Wachstum bei Kindern sowie für die normale Produktion und Funktion verschiedener Zellen und Hormone.

Eisen aus der Nahrung kommt in zwei Formen vor: Zweiwertiges Häm und dreiwertiges Nicht-Häm. Häm ist nur in tierischen Lebensmitteln wie Fleisch, Geflügel und Meeresfrüchten enthalten. Nicht-Hämeisen ist in pflanzlichen Lebensmitteln wie Vollkornprodukten, Nüssen, Samen, Hülsenfrüchten und grünem Blattgemüse enthalten. Aber man findet es auch in Fleisch (da Tiere pflanzliche Lebensmittel mit Nicht-Hämeisen verzehren) und

KEY FACTS ZU EISEN

- Gute pflanzliche Quellen für Eisen sind Vollkorngetreide, Hülsenfrüchte, Gemüse und Trockenfrüchte.
- Der Körper braucht Eisen für den Sauerstofftransport, für die Immunabwehr sowie für die Synthese von Hormonen und Neurotransmittern.
- Vitamin C verbessert die Verfügbarkeit von Eisen.
- Frauen haben häufiger einen Eisenmangel als Männer.
- Die offiziellen Empfehlungen der DGE unterscheiden nach Geschlecht und Lebensabschnitt. Menstruierende Frauen bis zur Menopause sollen täglich 15 Milligramm Eisen zu sich nehmen, da die Monatsblutung mit einem Eisenverlust einhergeht.
- Für Männer und Frauen nach der Menopause sind die Empfehlungen identisch: 10 Milligramm Eisen pro Tag.

Pflanzliche Eisenquellen	
	Milligramm/100 Gramm
Kürbiskerne	12,5
Sesamsamen	10,0
Amarant	9,0
Quinoa	8,0
Linsen	80,
Pistazien	7,3
Hirse	6,9
Kichererbsen	6,1
weiße Bohnen	6,1
Tofu	5,4
Haferflocken	5,1
getrocknete Aprikosen	4,4
Spinat	4,1

angereicherten Lebensmitteln. Hämeisen hat eine Bioverfügbarkeit von ca. 15 bis 35 Prozent, wohingegen sie bei Nicht-Hämeisen nur bei etwa 2 bis 20 Prozent liegt. Daher wird vermutet, dass die Eisenversorgung bei vegetarischer oder veganer Ernährung nicht ausreichend ist.

Eisen wird im Körper als Ferritin gespeichert (in Leber, Milz, Muskelgewebe und Knochenmark) und durch Transferritin (ein Protein im Blut, das Eisen bindet) im ganzen Körper verteilt. Um einen Eisenmangel oder eine daraus folgende Anämie zu diagnostizieren, wird oft der Ferritin-Spiegel im Blut bestimmt. Im Vergleich zum freien Eisen im Blut, dessen Wert erst einmal stabil bleibt, bis der Speicher vollständig geleert ist, ist die Menge des gespeicherten Eisens aussagekräftiger. Ist der Wert zu niedrig, reicht oft die alleinige Aufnahme eisenreicher Lebensmittel nicht aus. In diesem Fall können Nahrungsergänzungsmittel hilfreich sein.

Folgende Faktoren fördern die Aufnahme von Eisen im Körper:

- Ascorbinsäure (Vitamin C): Eisenaufnahme um das 3- bis 4-Fache erhöht
- Organische Säuren (Zitronensäure, Apfelsäure, Milchsäure): Eisenaufnahme um das 2- bis 3-Fache erhöht
- fermentierte Produkte (Sojaprodukte wie Miso, Tempeh, Kimchi, Sauerkraut)
- schwefelhaltige Aminosäuren (Cystein und Methionin)
- niedriger Eisengehalt der Nahrung
- unzureichend gefüllte Eisenspeicher
- gesteigerter Eisenbedarf (Schwangerschaft, Menstruation, Wachstum)
- Magensäure

Folgende Faktoren hemmen die Aufnahme von Eisen im Körper:

- Phytate (in Getreide und Hülsenfrüchten)
- Polyphenole (Tannine in Tee, Chlorogensäure in Kaffee)
- Sojaprotein
- Milch- und Eiprotein

- Kleie
- Kalzium, Phosphate
- Oxalate (Spinat, Rhabarber, Mangold)
- exzessive Zufuhr anderer Metallionen (auch aus Supplementen: z. B. Zink, Mangan, Kupfer)
- gefüllte Eisenspeicher
- Infektionen
- Entzündungen
- Mangel an Magensäure

Folgende Maßnahmen eliminieren die hemmenden Faktoren:

- Kalzium und Zink als Supplement: zeitlichen Abstand zu eisenreichen Mahlzeiten einhalten
- Medikamente: zeitlichen Abstand zu eisenreichen Mahlzeiten einhalten
- Nahrungsmittel mit Oxalaten erhitzen oder kochen
- Nahrungsmittel mit Phytaten einweichen, keimen oder fermentieren
- Nahrungsmittel mit Polyphenolen: zeitlichen Abstand von ein bis zwei Stunden zu eisenreicher Mahlzeit einhalten

JOD

Jod ist ein Mineral, das der Körper braucht, um Schilddrüsenhormone zu bilden. Diese Hormone steuern den Stoffwechsel des Körpers und viele andere wichtige Funktionen. Der Körper benötigt Schilddrüsenhormone auch für die richtige Entwicklung der Knochen und des Gehirns während der Schwangerschaft und im Säuglingsalter. Genügend Jod zu bekommen ist für jeden wichtig, besonders für Kleinkinder und Schwangere.
Das Mineral kommt in zwei Formen vor: Jodit (in Lebensmitteln) und Jodat (in angereichertem Speisesalz). Mit Jod versetztes Salz ist als »jodiert« gekennzeichnet. Einen natürlichen Gehalt an Jod weisen Fisch (Kabeljau und Thunfisch), Seetang, Garnelen und andere Meeresfrüchte auf, außerdem Milchprodukte (Milch, Joghurt, Käse).
In der veganen Ernährung gibt es nur sehr wenige, leider auch unzuverlässige Jodquellen. Es ist wich-

KEY FACTS ZU JOD

- Jod ist Bestandteil der Schilddrüsenhormone und somit beteiligt an diversen Stoffwechselvorgängen.
- Gute Quellen für Jod sind Algen und jodiertes Speisesalz.
- Eine Alternative zu jodiertem Speisesalz stellt mit Algen versetztes Meersalz dar.
- Die DGE empfiehlt eine tägliche Zufuhr von 200 Mikrogramm Jod für 13- bis 51-Jährige und 180 Mikrogramm für über 51-Jährige.

tig, den Bedarf nicht zu überschreiten, da dies bei manchen Menschen langfristig eine Schilddrüsenüber- oder -unterfunktion auslösen kann.

Algen sind ein leckerer Jodlieferant.

So kannst du auch in einer veganen Ernährung deine Jodbedarf decken.

- **Jodiertes Speisesalz:** Mit einer Zufuhr von 5 Gramm jodiertem Speisesalz kann der Tagesbedarf mit 75–125 Mikrogramm teilweise gedeckt werden. Diese Salzmenge ist jedoch ein Höchstwert und sollte aufgrund potenzieller gesundheitlicher Auswirkungen wie Bluthochdruck nicht überschritten werden. Um das Jod auch aufnehmen zu können, ist es sinnvoll, erst das fertige Gericht zu salzen.
- **Jodreiche Algen:** Dazu zählen Arame, Hijiki, Kelp, Wakame und Nori. Das große Problem ist die extrem starke Schwankung des Jodgehaltes, weshalb eine ausreichende Zufuhr auch hier nicht gewährleistet werden kann. Zudem besteht das Risiko, zu viel Jod aufzunehmen. Gegen Sushi, welches mit Nori zubereitet wird, ist in normalen Mengen jedoch nichts einzuwenden.
- **Nahrungsergänzungsmittel:** Diese werden meist aus Kelp hergestellt und der Gehalt ist kontrolliert. So kannst du sicher sein, dass deine Zufuhr gewährleistet ist und du sie nicht überschreitest.

SELEN

Selen ist ein Nährstoff, der für die Fortpflanzung, Schilddrüsenfunktion, DNA-Produktion und den Schutz des Körpers vor Schäden durch freie Radikale und vor Infektionen wichtig ist.

Selen ist von Natur aus in vielen Lebensmitteln enthalten. Die Menge an Selen in pflanzlichen Lebensmitteln hängt von der Selenmenge im Boden ab, in dem sie angebaut wurden. Der Selengehalt in tierischen Lebensmitteln hängt wiederum vom Selengehalt der Lebensmittel ab, die die Tiere gefressen haben. Deutsche Böden sind allgemein arm an Selen, weshalb über regionale Lebensmittel nicht genügend Selen aufgenommen werden kann. Es gibt jedoch Pflanzen, die Selen anreichern können, zum Beispiel den Paranussbaum. Er ist in den tropischen Regenwäldern Südamerikas verbreitet, wo die Böden eine hohen Selengehalt aufweisen. Daher enthalten Paranüsse bis zu 254 Mikrogramm Selen pro 100 Gramm. .

KEY FACTS ZU SELEN

- Selen ist wichtig für die Fortpflanzung, die Schilddrüsenfunktion und für das Immunsystem.
- In unseren Breiten ist der Selengehalt der Böden nicht sehr hoch, daher enthalten auch die meisten pflanzlichen Lebensmittel nur wenig Selen. Ausnahmen sind Pilze und Hülsenfrüchte.
- Die Schätzwerte der DGE lauten für Erwachsene über 19 Jahre bei Frauen 60 Mikrogramm und bei Männern 70 Mikrogramm Selen pro Tag.

Pflanzliche Selenquellen	
	Mikrogramm/ 100 Gramm
Paranüsse	254
Steinpilze	187
Linsen	45
Haferflocken	10
Reis	4,2
Champignons	3,1

Nicht nur in tropischen Regionen, sondern auch in den USA gibt es selenreiche Böden. Dort profitieren besonders Getreidepflanzen von diesem hohen Gehalt, weshalb Getreideprodukte aus den USA eine gute Selenquelle sind. Doch aus Gründen der Nachhaltigkeit ist es wenig sinnvoll, regional verfügbares Getreide ausschließlich aus dem Ausland zu beziehen.

Trotz des hohen Selengehalts der Paranuss unterliegt dieser starken Schwankungen. Hinzu kommt, dass Paranüsse radioaktiv belastet sind, denn sie nehmen Radium aus der Erde auf. Daher solltest du Paranüsse als Delikatesse betrachten und täglich maximal ein bis zwei Nüsse essen. Sicherer ist es, Selen als Nahrungsmittelergänzung einzunehmen.

ZINK

Zink gehört zu den Spurenelementen, was bedeutet, dass der Körper nur kleine Mengen benötigt. Es ist ein essenzieller Bestandteil von zahlreichen Enzymen und so an vielen Reaktionen im Körper beteiligt. Zink ist unter anderem wichtig für die Heilung von beschädigtem Gewebe, ein starkes Immunsystem, das Wachstum von Zellen sowie den Aufbau von Proteinen. Da das Spurenelement das Zellwachstum sowie die Zellteilung unterstützt, ist eine ausreichende Zinkzufuhr insbesondere in der Kindheit, Jugend und Schwangerschaft wichtig. Zink ist zudem an den Geschmacks- und Geruchssinnen beteiligt.

Enthält die Ernährung viele Phytate, empfiehlt die DGE eine höhere Zinkzufuhr, da Phytate die Aufnahme von Zink im Körper hemmen. Diese sekundären Pflanzenstoffe befinden sich insbesondere in Vollkornprodukten und in Hülsenfrüchten. Bei einer hohen Phytatzufuhr wird für Frauen 10 Milligramm und Männer 16 Milligramm Zink pro Tag empfohlen. Bei einem sehr hohen Phytatgehalt kann die Aufnahme von Zink um bis zu 45 Prozent vermindert sein. Trotz allem scheint der menschliche Organismus eine Anpassungsfunktion zu haben, um die Zinkaufnahme sicherzustellen.

KEY FACTS ZU ZINK

- Zink ist wichtig für die Aktivierung von Enzymen, für die Wundheilung, das Zellwachstum, das Immunsystem und es kann bei Hautproblemen helfen.
- Bei einem niedrigen Testosteronspiegel kann Zink ebenfalls hilfreich sein.
- Gute vegane Zinkquellen sind Vollkorngetreide, Hülsenfrüchte und Nüsse.
- Phytate (in Getreide und Hülsenfrüchten) hemmen die Aufnahme von Zink im Körper.
- Die DGE empfiehlt für Frauen eine tägliche Zufuhr von 8 Milligramm und für Männer 14 Milligramm Zink.

Pflanzliche Zinkquellen	
	Milligramm/100 Gramm
Kürbiskerne	7,0
Sojabohnen	4,2
Haferflocken	4,1
Linsen	3,7
Erdnüsse	3,4
Roggen	2,9
Hirse	2,9
Buchweizen	2,7
Naturreis	1,5

Ein Zinkmangel macht sich durch Appetitverlust, depressive Verstimmung, Immunschwäche, schlechte Wundheilung, Durchfall und Haarverlust bemerkbar. Eine eventuelle Supplementation solltest du mit deinem Arzt abklären. Da es schwierig ist, die Zinkkonzentration im Blut zu bestimmen, kann ein Ernährungstagebuch und eine Beschreibung deiner Symptome bei der Entscheidung helfen.

OMEGA-3-FETTSÄUREN

Die mehrfach ungesättigten Omega-3-Fettsäuren zählen zu den essenziellen Fettsäuren. Das bedeutet, dass sie nicht vom Körper selbst hergestellt werden können und somit über die Nahrung zugeführt werden müssen. Sie sind lebenswichtig für den Organismus und tragen zum Erhalt einer normalen Funktion des Gehirns, des Herzens sowie der Sehkraft bei. Zudem sind sie bei entzündlichen rheumatischen Erkrankungen von hoher Bedeutung und es gibt Hinweise, dass sie bei Kindern zu einem geringeren Risiko für Allergien führen. Empfohlen sind 0,5 Prozent der Gesamtenergie an Omega-3-Fettsäuren (Alpha-Linolensäure) bzw. 250 Milligramm DHA und EPA pro Tag. Diese Menge könntest du durch 100 Gramm Hering, 250 Gramm Lachs oder 3 Kilogramm Kabeljau erreichen. Oder durch 60–80 ml Leinöl. Hier kann es also sinnvoll sein, auf ein hochwertiges veganes Omega-3-Präparat auf Algenbasis zurückzugreifen.

Eine Supplementierung mit Omega-3-Fettsäuren ist bei einer veganen Ernährung sinnvoll.

KEY FACTS ZU OMEGA 3

- Omega-3-Fettsäuren sind wichtig für die Entwicklung der Augen und des Gehirns sowie für die Prävention von Herz-Kreislauf-Erkrankungen.
- Gute pflanzliche Quellen sind Lein-, Hanf- und Chiasamen, Walnüsse, angereichertes Öl.
- Die aktivsten Omega-3-Fette sind Eicosapentaensäure (EPA) und Docosahexaensäure (DHA).
- DHA und EPA befinden sich in Fisch, daher kann bei einer veganen Ernährung eine Supplementation sinnvoll sein.
- Die pflanzlichen Quellen liefern Alpha-Linolensäure (ALA), die im Körper erst in die DHA und EPA umgewandelt werden muss.

Man unterscheidet marine und pflanzliche Omega-3-Fettsäuren:

- Die marinen Omega-3-Fettsäuren sind Eicosapentaensäure (EPA) und Docosahexaensäure (DHA) und sind in fettreichem Kaltwasserfisch, Krustentieren und Algen enthalten. Sie sind besonders stoffwechselaktiv.
- Die pflanzliche Alpha-Linolensäure (ALA) ist in Leinsamen, Chiasamen, Walnüssen, Raps- und Leinöl enthalten. Sie muss im Körper in die biologisch wirksamen EPA und DHA umgewandelt werden, dabei ist die Ausbeute recht mager: Sie beträgt nur 5–10 Prozent. ALA ist kein Ersatz für marine Omega-3-Fettsäuren.

BLUTWERTE – CHECK-UP BEIM ARZT

Wer sich vegan ernährt, wird oft direkt nach den Blutwerten gefragt. Ist da alles in Ordnung? Können da nicht diverse Mangelerscheinungen auftreten? Wie schaffst du es, dass das nicht passiert? Diese Fragen sind berechtigt, denn bei jeder Ernährungsform, die verschiedene Nahrungsgruppen ausschließt, kann es zu Nährstoffmängeln kommen, also auch bei der rein pflanzlichen Ernährung. Es gilt daher, dieses Thema im Blick zu behalten.

REGULÄRE BLUTUNTERSUCHUNGEN

Jeder Patient hat das Recht, in bestimmten Abständen beim Arzt eine Blutuntersuchung machen zu lassen, die die Krankenkasse bezahlt. In der Regel ist das ab 35 Jahre alle drei Jahre möglich, die genauen Bedingungen richten sich nach der jeweiligen Krankenkasse. Bei dieser regulären Blutuntersuchung – dem sogenannten kleinen Blutbild – werden jedoch nur bestimmte Werte getestet. Bei Verdacht auf einen Mangel oder eine bestimmte Erkrankung werden die Blutwerte in der Regel häufiger getestet und es werden weitere Parameter bestimmt.
Bei einem kleinen Blutbild werden folgende Parameter bestimmt:
- Erythrozyten: rote Blutkörperchen
- Leukozyten: weiße Blutkörperchen
- Thrombozyten: Blutplättchen
- Hämoglobin: roter Blutfarbstoff, besteht zum großen Teil aus Eisen

- Hämatokrit: Anteil der Erythrozyten am Blutvolumen
- MCV: Gesamtvolumen der Erythrozyten
- MCH: mittleres korpuskuläres Hämoglobin; durchschnittliche Konzentration von Hämoglobin in einem einzelnen Erythrozyten
- MCHC: mittlere korpuskuläre Hämoglobin-Konzentration; Anteil des Hämoglobins am Gesamtvolumen der Erythrozyten

Eine umfangreichere Untersuchung beinhaltet meistens zusätzlich folgende Werte:
- Leberwerte: GOT, GPT und Gamma-GT
- Blutfette: Gesamt-Cholesterin, LDL, HDL und Triglyceride
- Eisen: Ferritin, Ferritin-Sättigung
- Blutzucker: Glukose nüchtern
- Schilddrüsenhormone: T3, T4 und TSH
- Harnsäure

BLUTFETTE

Cholesterin, das wir über die Nahrung zu uns nehmen, wird vom Darm aufgenommen und gelangt ins Blut, wo es von Fettpartikeln in die Körperzellen transportiert wird. Das von der Leber selbst produzierte Cholesterin bindet an Transporter (Lipoproteine) wie VLDL, LDL und HDL. Diese Lipoproteine verteilen das produzierte Cholesterin weiter: VLDL und LDL bringen es zu den Körperzellen, HDL transportiert überschüssiges Cholesterin aus den Körperzellen zurück zur Leber.

Gesamtcholesterin

Das Gesamtcholesterin ist die Summe des Cholesterins, das in den verschiedenen Lipoproteinfraktionen des Blutes (LDL, HDL, VLDL) enthalten ist. Der Normwert ist abhängig von Alter und Geschlecht, sollte aber im Durchschnitt nicht höher als 240 Milligramm pro Deziliter sein. Der Blutwert dient zur Risikoabschätzung für Herz-Kreislauf-Erkrankungen, dabei ist es wichtig, auch die Werte für LDL, HDL und VLDL zu bestimmen. Denn ein erhöhter Gesamtcholesterinspiegel heißt nicht zwingend, dass zu viel »böses« LDL im Blut ist.

LDL

Nachdem die Leber zunächst VLDL (very low density lipoproteine) gebildet hat, entsteht durch Abbau von Triglyceriden und bestimmten Enzymen das LDL (low density lipoproteine). Ist der LDL-Blutspiegel zu hoch, kann der Körper die Cholesterinaufnahme nicht mehr selbst regulieren. Das überschüssige Cholesterin lagert sich dann unter anderem in den Arterienwänden ab und kann zu Herz-Kreislauf-Erkrankungen führen. LDL wird daher auch als das »böse Cholesterin« bezeichnet.

HDL

HDL (high density lipoproteine) transportiert Cholesterin von den Körperzellen in die Leber, wo das Blutfett abgebaut werden kann. Es kann auch überschüssiges Cholesterin aus Gefäßwänden entfernen und vor Arterienverkalkung schützen. Daher wird es oft als das »gute Cholesterin« bezeichnet.

Triglyceride

Triglyceride sind Nahrungsfette, die über den Darm mit der Nahrung aufgenommen (z. B. aus Butter oder Milchprodukten) und anschließend im Fettgewebe als Energiereserve gespeichert werden. Zudem kann der Körper selbst Triglyceride in der Leber und im Fettgewebe herstellen. Blutwerte über 200 Milligramm pro Deziliter können langfristig zu Herz-Kreislauf-Erkrankungen führen.

WICHTIGE BLUTWERTE BEI VEGANER ERNÄHRUNG

Bei Veganern kann auf Dauer besonders Vitamin B12 zum Problem werden. Zwar hat der Körper einen großen Speicher, der bis zu vier Jahre ausreichen kann, doch das ist nur der Fall, wenn er gefüllt ist. Daher ist es auch bereits bei der Umstellung auf die vegane Ernährung sinnvoll, den Vitamin-B12-Spiegel zu kontrollieren.

Um sicherzugehen, ob man ausreichend mit den verschiedenen potenziell kritischen Nährstoffen versorgt ist, können spezifische Blutparameter bestimmt werden. Diese Untersuchung muss selbst bezahlt werden, die Krankenkasse übernimmt nur dann die Kosten, wenn ein konkreter Verdacht auf einen Mangel besteht.

Die Nährstoffe, die bei einer veganen Ernährung regelmäßig kontrolliert werden sollten, sind: Vitamin B12, Vitamin D, Zink, Selen, Eisen, Kalzium, Jod und Omega-3-Fettsäuren. Die meisten dieser Werte werden im Blutserum bestimmt, also im flüssigen Anteil des Blutes ohne feste Bestandteile wie Blutplättchen sowie rote und weiße Blutkörperchen.

Vitamin B12

Vitamin B12 kann direkt im Serum bestimmt werden, doch das Ergebnis der Untersuchung ist nicht unbedingt aussagekräftig. In der Regel wird der Holo-Transcobalamin-Wert gemessen, da er relativ früh reagiert und ein Maß für das biologisch aktive Vitamin B12 ist. Dieser Wert kann direkt im Serum bestimmt werden. Er kann auch mit der Messung von Homocystein oder Methylmalonsäure kombiniert werden, diese Werte sind bei Vitamin-B12-Mangel erhöht.

Vitamin D

Vitamin D wird als 25-Hydroxy-Vitamin-D oder 1,25-Dihydroxy-Vitamin-D3 im Serum bestimmt. Der zweite Wert ist aussagekräftiger, weil er anzeigt, wie viel des Vitamins letztlich in die aktive Form umgewandelt wird.

Zink

Zink im Blut zu bestimmen ist nicht aussagekräftig genug. Eine geeignetere Methode wäre die Bestimmung über eine Haaranalyse. Diese scheint auf einen Mangel hinweisen zu können, ist aber nicht sehr verbreitet. Eine bessere Option ist ein Ernährungstagebuch, um zu schauen, ob du genug Zink über die Nahrung aufnimmst.

Selen

Selen wird im Blutserum oder -plasma gemessen, für einen langfristigen Versorgungsstatus wird die Konzentration im Vollblut bestimmt.

Eisen

Ein Eisenmangel lässt sich an einigen Parametern erkennen. Dazu zählt neben dem Eisenspeicher (Ferritin-Wert) die indirekte Bestimmung über Erythrozyten, Hämoglobin und Hämatokrit im Vollblut sowie MCV, MCH und MCHC.
Ein Mangel kann nicht alleine am Hämoglobin-Wert festgemacht werden. Zwar zeigt ein niedriger Spiegel an, dass aktuell zu wenig Eisen im Blut ist, dies lässt jedoch keine Schlussfolgerung zu, ob die Eisenspeicher ausreichend gefüllt sind. Der Hämoglobin-Wert sinkt erst, wenn die Eisenspeicher vollständig geleert sind und deshalb nicht mehr genügend Erythrozyten gebildet werden können. Ferritin ist ein deutlich sensitiverer Parameter als das Serumeisen und erlaubt eine Unterscheidung zwischen einer Eisenmangelanämie (verringerter Ferritin-Wert) und einer chronischen Anämie (erhöhter Ferritin-Wert). Bei einem Mangel ist neben dem Ferritin auch Hämoglobin, MCV und MCH erniedrigt.

Kalzium

Kalzium wird in den Knochen gespeichert und bei Bedarf ins Blut freigesetzt, sodass der Blutspiegel immer konstant ist. Daher ist es schwierig, einen Mangel festzustellen. Ein geringer Blutspiegel könnte darauf hinweisen, dass der Körper viel zu wenig Kalzium zur Verfügung hat und selbst der Speicher fast leer ist. Auch hier kann ein Ernährungstagebuch hilfreich sein.

Jod

Ein Jodmangel kommt heutzutage sehr selten vor. Der direkte Wert wird meist im Urin bestimmt oder indirekt über die Schilddrüsenhormone T3, T4 und TSH im Serum. Ohne Jod kann die Schilddrüse keine Hormone produzieren und ein ausgeprägter Jodmangel kann zu einer Schilddrüsenunterfunktion führen. Diese zeichnet sich durch einen zu hohen TSH-Wert aus. Um die genaue Ursache des erhöhten Wertes festzustellen, kontrollieren Ärzte normalerweise noch die beiden Transporthormone T3 und T4.

Omega-3-Fettsäuren

Die Versorgung mit Omega-3-Fettsäuren bzw. DHA und EPA (Seite 26) ist durch eine Fettsäureanalyse möglich. Dabei wird die Zusammensetzung der Fettsäuren im Blut bestimmt. Dadurch wird sichtbar, wie viel Alpha-Linolensäure (ALA) aus pflanzlichen Quellen aufgenommen und in DHA und EPA umgewandelt wird.

Lass hin und wieder deine Blutwerte bestimmen, um einen Nährstoffmangel zu vermeiden.

SUPPLEMENTE – WELCHE SIND SINNVOLL?

Nahrungsergänzungsmittel sind mittlerweile zum Alltag geworden. Sie füllen die Regale in Drogerien, Supermärkten und Discountern, und auch im Internet findet man unzählige Anbieter, die Unglaubliches versprechen: schönere Haare, tolle Haut, bessere Konzentration und Leistungsfähigkeit. Doch musst du Supplemente nehmen, um gesund zu sein?

Schau dir den Begriff Nahrungsergänzungsmittel einfach genau an, dann weißt du schon das Wichtigste: Sie sind dazu da, die Nahrung zu ergänzen und deinen individuellen Bedarf an Vitaminen, Mineralstoffen und Spurenelementen optimal zu decken. Sie helfen dir aus, wenn es nötig ist, sie gleichen einen Mangel aus oder vermeiden diesen.

GRUNDSÄTZE FÜR EINE GEZIELTE SUPPLEMENTIERUNG

Es ist sicher klar geworden, dass es nicht zu empfehlen ist, irgendwelche Nahrungsergänzungsmittel zu nehmen, nur weil du denkst, du könntest sie vielleicht brauchen. Bevor du dich für eine Supplementierung entscheidest, solltest du dich mit einigen Grundsätzen befassen.

Den individuellen Bedarf bestimmen

Viele Menschen supplementieren einen Nährstoff nur aufgrund des Werbeversprechens und hinterfragen nicht, ob es wirklich nötig ist. Dabei ist es

recht einfach: Analysiere deine Ernährungsweise und lasse potenziell kritische Nährstoffe regelmäßig kontrollieren (siehe Kapitel »Blutwerte – Check-up beim Arzt«). Das kostet zwar Zeit und Geld, aber sinnlose (und ggf. überdosierte) Supplemente einzunehmen ist auch teuer. Und im schlimmsten Fall kann es schaden.

Viel hilft nicht immer viel

Es ist wichtig, einen diagnostizierten Mangel so schnell wie möglich auszugleichen. Unter ärztlicher Aufsicht können dafür mitunter hohe Dosen des jeweiligen Nährstoffes notwendig sein. Aber auf eigene Faust irgendein Nahrungsergänzungsmittel in hohen Dosen einzunehmen ist nicht sinnvoll. Du benötigst ein Supplement nur dann, wenn du andernfalls zu wenig von diesem Nährstoff bekommst. Ansonsten wird es nicht helfen, sondern kann sogar schaden.

Sei vorsichtig bei Pauschalaussagen

Dass jeder ein iPhone braucht, ist genauso falsch wie dass jeder Vitamin C supplementieren muss. Leider liest man im Internet sehr oft solche Pauschalaussagen. Hüte dich auch vor Formulierungen wie »Bei Symptom A brauchst du Supplement B«. Denn Symptome können nur in Einzelfällen zweifelsfrei mit einem bestimmten Nährstoff in Verbindung gebracht werden. Gleiche Symptome können zudem unterschiedliche Ursachen haben und ein

Symptom kommt selten allein. Es gibt allerdings Ausnahmen. So haben verschiedene Staaten (auch Deutschland) irgendwann die Pauschalaussage getroffen: »Wir sind ein Jodmangelgebiet – also lasst uns flächendeckend supplementieren.« Folglich wurde Salz mit Jod angereichert, weil man einen Träger brauchte, den die Menschen regelmäßig konsumieren. Auch Vitamin D ist eine Ausnahme, es sollte von Oktober bis März supplementiert werden, da wir in diesen Monaten hierzulande nicht genügend Sonnenschein haben, um selbst Vitamin D zu produzieren.

Ein Vitamin-D-Präparat kann helfen, einem Mangel vorzubeugen.

Wechselwirkungen von Vitaminen und Mineralstoffen

Wusstest du, dass zu viel Zink zu Kupfermangel führen kann? Dies ist nur eine von zahlreichen Wechselwirkungen, die Mineralstoffe und Vitamine haben. Sie können negativ sein, so wie zum Beispiel Eisen nicht zusammen mit verschiedenen Mineralstoffen eingenommen werden sollte, weil sie bei der Aufnahme konkurrieren. Es gibt aber auch

positive Wechselwirkungen, so wird zum Beispiel Eisen vom Körper besser aufgenommen, wenn es mit Vitamin C kombiniert wird, und auch Kalzium profitiert von der Kombination mit Vitamin D. Konkurrieren bei der Aufnahme:

- Zink konkurriert mit Kalzium, Folsäure, Kupfer
- Eisen konkurriert mit Zink, Kalzium, Magnesium und Chrom
- Chrom konkurriert mit Vitamin C
- Magnesium konkurriert mit Kalzium, Kalium und Natrium

Unterstützen sich gegenseitig bei der Aufnahme:

- Eisen und Vitamin C
- Kalzium und Vitamin D
- Vitamin K und Vitamin D

Der Grund für diese Wechselwirkungen: In der Natur kommt kein Nährstoff isoliert vor. In Supplementen hingegen schon. Das klingt erst mal positiv und spricht für Multipräparate, deren Dosierung im Idealfall diese Wechselwirkungen berücksichtigt. Aber das ist nicht immer der Fall und es kann zudem sein, dass du einen Nährstoff überdosierst oder einnimmst, obwohl du ihn gar nicht brauchst. Außerdem wird der benötigte Nährstoff möglicherweise nicht optimal aufgenommen.

WECHSELWIRKUNGEN IM BLICK BEHALTEN

Die Wechselwirkungen der Vitamine und Mineralstoffe untereinander oder mit Medikamenten sind vielfältig. Wenn der Arzt dir ein Medikament verschreibt, dann informiere ihn bitte darüber, welche Supplemente du nimmst. So kann er dich über mögliche Wechselwirkungen aufklären. Umgekehrt solltest du bei der Entscheidung für ein Supplement beachten, welche Medikamente du regelmäßig einnimmst, und natürlich die Nahrungsergänzungsmittel nicht willkürlich kombinieren.

Wechselwirkungen mit Medikamenten

Auch wer Medikamente einnimmt, muss sich darüber im Klaren sein, dass Zusatzstoffe (vor allem pflanzlicher Natur) in Nahrungsergänzungsmitteln die Wirksamkeit von Arzneimitteln beeinträchtigen können. Wenn du regelmäßig Medikamente nimmst, musst du dich daher gründlich informieren, bevor du zu Supplementen greifst. Hier ein paar Beispiele für unerwünschte Wechselwirkungen:

- Kalzium vermindert die Wirkung von Bisphosphonaten (gegen Osteoporose) und kann die Aufnahme von Levothyroxin (Schilddrüsenhormon) vermindern.
- Eisen vermindert die Aufnahme von Bisphosphonaten. Antazida (gegen Magenbeschwerden) wiederum vermindern die Aufnahme von Eisen.
- Magnesium vermindert die Wirkung bestimmter Antibiotika und die Aufnahme von Bisphosphonaten.
- Die Aufnahme von Vitamin B12 im Körper kann durch bestimmte Medikamente gegen Gicht, Epilepsie, zum Senken des Cholesterinspiegels und des Blutdrucks gehemmt werden.
- Vitamin C behindert die Ausscheidung von Acetylsalicylsäure (Aspirin) und kann die Wirkung von Chemo- oder Strahlentherapie bei Krebserkrankungen abschwächen oder verstärken.
- Vitamin K kann die Wirkung von Warfarin (hemmt die Blutgerinnung) verringern.
- Zink vermindert die Wirkung bestimmter Antibiotika und von Bisphosphonaten.

Kaufe hochwertige Produkte

Nahrungsergänzungsmittel zählen rechtlich gesehen zu Lebensmitteln und sind daher nicht so streng kontrolliert wie Arzneimittel. Achte hier unbedingt darauf, dass die Hersteller transparent sind und Analysen unabhängiger Labore veröffentlichen. Gib lieber ein paar Euro mehr für das Präparat aus und achte darauf, dass es in Deutschland oder zumindest Europa produziert wurde. Dort sind die Standardbedingungen etwas höher als in Nicht-EU-Ländern. Ein weiterer Hinweis für gute Qualität sind Kontrollsiegel.

Richtig lagern

Die meisten Nahrungsergänzungsmittel befinden sich entweder in einer lichtundurchlässigen Dose oder in einer Schachtel aus Pappe. Am besten lagerst du die Präparate in der Originalverpackung an einem dunklen, trockenen und kühlen Ort. Du musst nicht alles im Kühlschrank aufbewahren – in warmen Wohnungen ist dieser allerdings die bessere Wahl. Die optimalen Lagerungsbedingungen stehen in der Regel auf der Verpackung. Achte zudem auf das Mindesthaltbarkeitsdatum.

Keine Panik

Wenn du weißt, welche Nährstoffe dein Körper benötigt, sind Supplemente sinnvoll. Lerne deinen Körper kennen, prüfe deinen Versorgungsstatus und ergänze sinnvoll. Das Thema Nahrungsergänzung ist komplex, weshalb es wichtig ist, dass du darüber nachdenkst und dich informierst, bevor du blind Pillen einwirfst. Wenn du unsicher bist, informiere dich beim Arzt oder einer kompetenten Ernährungsfachkraft.

Manche Menschen brauchen Supplemente

Nicht jeder muss jedes Supplement nehmen. Aber es gibt Menschen, die Nahrungsergänzungsmittel brauchen. Dazu gehören (Leistungs-)Sportler, die bestimmte Mikronährstoffe nicht in ausreichender Menge über die Ernährung aufnehmen können. Sportler schwitzen viel und verbrennen viele Kalorien. Über den Schweiß verlieren sie wichtige Mineralstoffe wie Kalzium, Kalium, Magnesium und Natrium. Durch die Muskelarbeit ist der Eiweißbedarf erhöht sowie der Kalorienbedarf insgesamt. Über die normale Nahrung fällt es vielen Sportlern schwer, diese Verluste auszugleichen. In diesem Fall ist die bewusste Ergänzung sinnvoll und wichtig. Auch Kinder und Heranwachsende, Schwangere und Stillende sowie Kranke und Alte haben einen höheren Bedarf an Nährstoffen.

VEGANE ERNÄHRUNG – AUF DAUER GEEIGNET?

Sich zeitweise vegan zu ernähren, ist in der Regel unproblematisch. Auch ist es für die meisten Menschen kein Problem, die vegane Ernährung auf Dauer umzusetzen, wenn sie sich dafür entschieden haben. Allerdings kann es auch Gründe geben, die dagegen sprechen. Beantworte dir selbst die folgenden Fragen.

- Wie ist meine aktuelle Lebenslage?
- Habe ich Allergien und/oder Unverträglichkeiten?
- Kann ich durch die erlaubten Lebensmittel (nahezu) alle Nährstoffe abdecken?
- Macht mir die vegane Ernährung Spaß?
- Ist die vegane Ernährung gut in meinen Alltag zu integrieren?

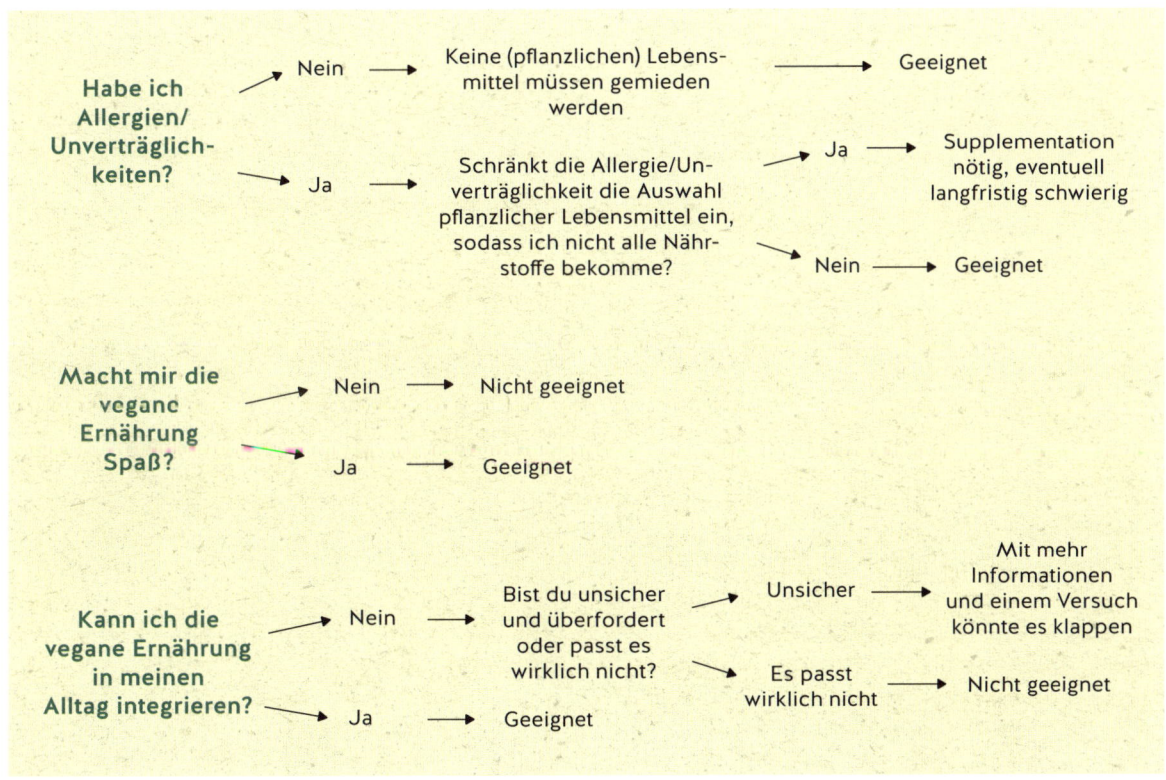

Die Fragen helfen dir dabei zu entscheiden, ob eine vegane Ernährung für dich auf Dauer geeignet ist. Im Folgenden gehen wir näher darauf ein.

AKTUELLE LEBENSLAGE

Allem voran steht die grundsätzliche Frage nach deiner aktuellen Lebenssituation. Hast du im Moment eine stressige Zeit und gar nicht die Muße, dich mit einer neuen Ernährungsform auseinanderzusetzen? Dann solltest du dein Vorhaben vielleicht verschieben. Du kannst ja jederzeit wieder darauf zurückkommen.

ALLERGIEN UND/ODER UNVERTRÄGLICHKEITEN

Wenn du gegen bestimmte Stoffe allergisch bist oder wenn Unverträglichkeiten bestehen, musst du bestimmte Lebensmittel oder Lebensmittelgruppen meiden. Handelt es sich um Milchprodukte oder generell tierische Lebensmittel, ist das für eine vegane Ernährung kein Problem. Betrifft es jedoch pflanzliche Lebensmittel, wie Getreide, Obst, Hülsenfrüchte, Nüsse oder Soja, kann es auf Dauer schwierig werden.

Dabei kommt es auch darauf an, wie viele Allergien oder Unverträglichkeiten bestehen. Eine Fruktoseintoleranz heißt nicht, dass du dich nicht vegan ernähren kannst. Kommen jedoch noch Probleme mit Gluten und Hülsenfrüchten dazu, wird es schon kritisch. Denn damit fallen (mengenmäßig) wichtige Lebensmittelgruppen und, im Fall von Hülsenfrüchten, Eiweißquellen weg.

NÄHRSTOFFE ABDECKEN

Mit einer veganen Ernährung kannst du alle notwendigen Nährstoffe abdecken, es ist lediglich wichtig, auf die im Kapitel »Rundum gut versorgt« beschriebenen potenziell kritischen Nährstoffe zu achten. Bestehen Unverträglichkeiten und Allergien, muss dieser Punkt besonders gründlich geprüft werden. Wenn bestimmte Lebensmittel oder Lebensmittelgruppen für dich tabu sind, ist die ausreichende Nährstoffversorgung möglicherweise nicht gewährleistet und du musst auf Nahrungsergänzungsmittel zurückgreifen. Das ist im Prinzip möglich, aber eigentlich sind diese dazu da, die Ernährung zu ergänzen und nicht zu ersetzen. Kannst du nicht dauerhaft alle Nährstoffe über Lebensmittel abdecken und musst zig Nahrungsergänzungsmittel einnehmen, ist die vegane Ernährung möglicherweise langfristig nicht das Richtige für dich.

SPASSFAKTOR

Ein nicht zu vernachlässigender Aspekt ist der Spaßfaktor. Es ist sehr wichtig, dass du Freude daran hast, dich mit der veganen Ernährung zu beschäftigen und neue kulinarische Horizonte zu entdecken. Wenn du nach ein paar Tagen oder Wochen keine Lust mehr darauf hast, ist es sinnlos, sie als langfristige Ernährungsweise anzustreben. Wenn du also nach einiger Zeit merkst, dass die vegane Ernährung dich mehr stresst als begeistert, ist sie für dich auf Dauer nicht die richtige Wahl. Wie gesagt: Sie soll Spaß machen, nicht zur Belastung werden.

Gemeinsam macht es noch mehr Spaß, vegane Rezepte auszuprobieren.

Aber auch wenn du dich nicht vollständig vegan ernähren möchtest, hilft dir das 4-Wochen-Programm in diesem Buch vielleicht, in Zukunft weniger Fleischprodukte zu essen und mehr pflanzliche Lebensmittel in deine Ernährung einzubauen.

ALLTAGSTAUGLICHKEIT

Bei dem Punkt Alltagstauglichkeit spielen mehrere Faktoren eine Rolle. Je nach deiner beruflichen und auch privaten Situation kann es leicht oder schwierig sein, sich langfristig vegan zu ernähren. Je nachdem, wo du arbeitest, kannst du eine vegane Ernährung möglicherweise nicht so einfach umsetzen. In den meisten Fällen ist Meal-Prep eine gute Wahl, das bedeutet, du bereitest deine Speisen zu Hause vor und nimmst sie mit. Mittlerweile bieten auch viele Kantinen vegane Speisen an oder sind zumindest flexibel, was die Anpassung betrifft. Ist das jedoch nicht der Fall und ist es nicht möglich, sich Gerichte mitzubringen, könnte eine vegane Ernährung auf Dauer schwierig werden. Unabhängig vom beruflichen Umfeld spielt natürlich auch der restliche Alltag eine wichtige Rolle. Wenn du zum Beispiel Kinder, Job und Partner unter einen Hut bringen musst, kann das durchaus stressig sein. Sich zusätzlich mit einer neuen Ernährungsweise zu befassen kostet noch mehr Energie. Besonders wenn man die einzige Person im Haushalt ist, die sich dafür begeistert, kann das sehr frustrierend sein. Dennoch findet sich in den meisten Fällen ein guter Kompromiss.

Wie du an den Rezepten in diesem Buch siehst, gibt es viele Gerichte, die auch mit den herkömmlichen Zutaten vegan sind, zum Beispiel Minestrone (Seite 104) oder Nudelsalat (Seite 94). Oder es müssen nur ganz wenige Zutaten ausgetauscht werden, und schon kannst du vegane Bananenschmarren (Seite 140) oder eine leckere Quiche (Seite 178) genießen. Ist der restliche Haushalt absolut nicht bereit, die vegane Ernährung zu testen, kannst du auch einen Teil der Zutaten getrennt zubereiten, damit jeder sich nach Belieben bedienen kann. Dafür sind zum Beispiel Wraps (Seite 172) gut geeignet oder Kartoffeln mit Ofengemüse (Seite 158).

Nicht zuletzt spielt es eine Rolle, ob man meistens zu Hause isst oder unterwegs. Zu Hause kannst du deine Gerichte selbst zubereiten und weißt immer, was darin enthalten ist. Doch besonders in größeren Städten gibt es mittlerweile viele Möglichkeiten, vegane Speisen zu bekommen, und die meisten Restaurants bieten eine pflanzliche Alternative an. Bist du also viel unterwegs und auf Reisen, kannst du dir entweder ein paar Snacks einpacken oder dich vorab informieren, wo es Restaurants oder Ähnliches gibt, die vegane Speisen anbieten.

GUT ZU WISSEN

Durch das große Angebot veganer Gerichte, die immer bessere Aufklärung und die Vielfalt veganer Rezepte wird es immer leichter, sich vegan zu ernähren. Dennoch ist es nicht für alle so einfach. Ob die vegane Ernährung für dich persönlich das Richtige ist, musst du daher selbst herausfinden.

KENNE DEINEN GRUND

Ob Tierwohl, Gesundheit oder Religion. Für die vegane Ernährung gibt es viele Gründe. Kennst du deine? Ohne ein Ziel ist es schwer, neue Gewohnheiten beizubehalten. Wenn dir deine Gesundheit besonders wichtig ist, erfreue dich an den vielen positiven Wirkungen, die eine pflanzliche Ernährung auf den Körper haben kann. Geht es dir besonders um das Tierwohl, dann kannst du durch die Ernährungsumstellung viele Tiere retten. Selbst wenn du nach den vier Wochen entscheidest, dass eine strikt vegane Ernährung nicht das Richtige für dich ist, kannst du bestimmt einiges aus der Challenge mitnehmen. Das Wichtigste ist, dass du deinen persönlichen Grund findest. Lass dir nicht von anderen vorschreiben, warum du die vegane Ernährung testen solltest – oder warum nicht.

DER VEGANE SPEISEPLAN

Einen gesunden veganen Speiseplan zu erstellen ist nicht schwer, denn es gibt einige konkrete Anhaltspunkte, die die Zusammenstellung der verschiedenen Gerichte vereinfachen. Es stehen fünf Hauptgruppen zur Auswahl, die zu unterschiedlichen Anteilen in der Ernährung enthalten sein sollen.

DIE VEGANE ERNÄHRUNGSPYRAMIDE

Die fünf Hauptgruppen des veganen Speiseplans:
1. Getreide
2. Hülsenfrüchte
3. Gemüse
4. Obst
5. Nüsse, Samen und Öle

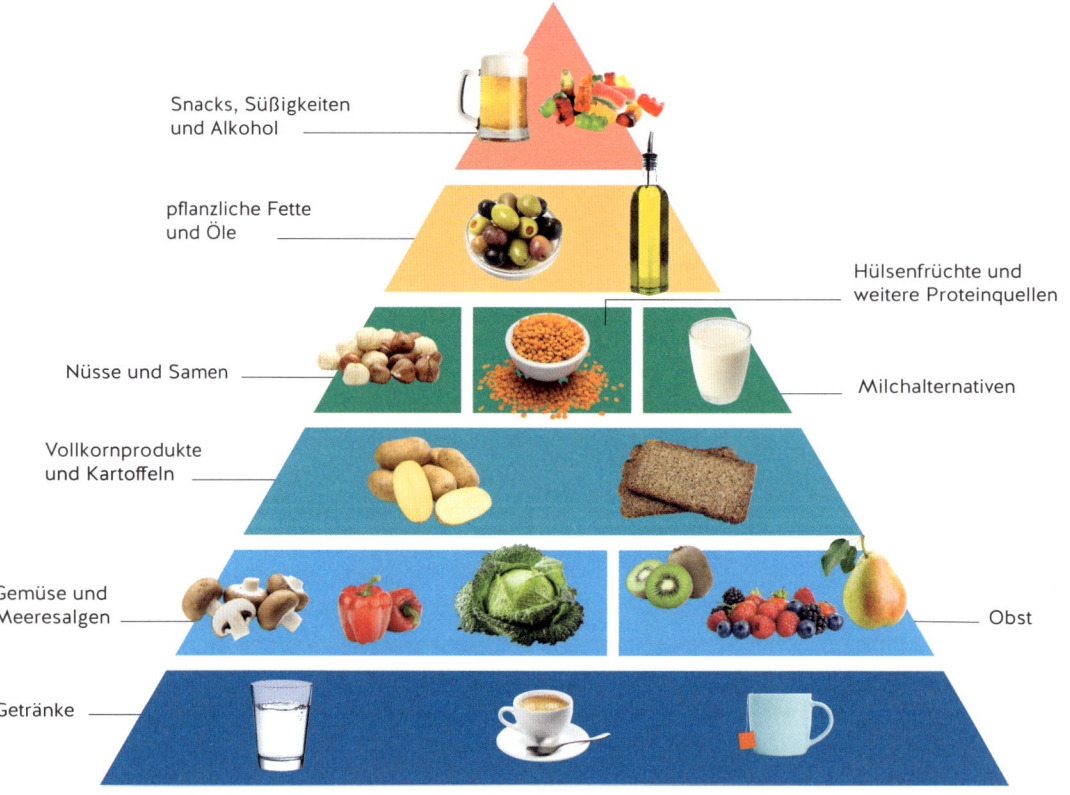

Snacks, Süßigkeiten und Alkohol

pflanzliche Fette und Öle

Hülsenfrüchte und weitere Proteinquellen

Nüsse und Samen

Milchalternativen

Vollkornprodukte und Kartoffeln

Gemüse und Meeresalgen

Obst

Getränke

Lebensmittelgruppe	Empfohlene Verzehrmenge
Snacks, Süßigkeiten und Alkohol	in Maßen, falls gewünscht
pflanzliche Öle und Fette	täglich 2 Portionen; insg. 2–3 Esslöffel
Hülsenfrüchte und weitere Eiweißquellen	täglich ca. 1 Portion
Nüsse und Samen	täglich ca. 1–2 Portionen à 30 Gramm
Milchalternativen	täglich 1–3 Portionen à 100–200 Gramm
Vollkorngetreide und Kartoffeln	täglich mind. 3 Portionen
Obst	täglich mind. 2 Portionen; insg. mind. 250 Gramm
Gemüse	täglich mind. 3 Portionen; insg. mind. 400 Gramm
Meeresalgen (Nori)	täglich ca. 1–3 Gramm (trocken)
Getränke (Wasser, alkoholfreie, energiearme Getränke)	täglich ca. 1,5 Liter
Sonstiges	täglich Vitamin B12 supplementieren täglich jodiertes Speisesalz oder mit jodhaltigen Algen angereichertes Meersalz; sparsam nutzen tägliche Aufenthalte und Bewegung im Freien (mind. 30 Minuten) zur Vitamin-D-Bildung (Oktober bis März Vitamin-D-Supplementierung)

Für eine ausgewogene Ernährung ist es wichtig, jede Gruppe in den täglichen Speiseplan zu integrieren. Dabei solltest du die gesamte Bandbreite der einzelnen Gruppen nutzen und dich zum Beispiel nicht nur auf eine Getreidesorte oder eine Hülsenfrucht beschränken.

Wie der optimale Ernährungsplan aussehen sollte, zeigt die »Gießener vegane Lebensmittelpyramide« (siehe links). Je weiter unten ein Lebensmittel in der Pyramide aufgeführt ist, desto mehr davon sollte verzehrt werden. Die Lebensmittel in der Spitze sollten nur in Maßen gegessen werden Für die einzelnen Lebensmittelgruppen gibt es konkrete Mengenempfehlungen für einen optimalen Speiseplan. Die Angaben gelten für Erwachsene.

DER GESUNDE TELLER

Eine weitere Orientierung für die Zusammenstellung einer gesunden Mahlzeit stellt die »Healthy Eating Plate« bzw. »Der gesunde Teller« der Harvard T.H. Chan School of Public Health dar. Er ist nicht nur auf die vegane Ernährungsweise bezogen.

Aber die Übersicht macht deutlich, dass pflanzliche Lebensmittel im Fokus stehen sollen.

So setzt sich der gesunde Teller zusammen:
- die Hälfte: Gemüse und Obst
- ein Viertel: Vollkornprodukte
- ein Viertel: gesunde Proteine
- gesunde Pflanzenöle in Maßen
- viel Wasser, Kaffee oder Tee in Maßen

Die wichtigste Botschaft des Gesunden Tellers ist der Fokus auf die Qualität der Ernährung. Dabei spielen drei Punkte eine zentrale Rolle:
1. Die Art der Kohlenhydrate ist wichtiger als die Menge, da manche Kohlenhydratquellen, zum Beispiel Gemüse (Kartoffeln ausgeschlossen), Obst, Vollkorngetreide und Hülsenfrüchte, gesünder sind als andere.
2. Zuckerhaltige Getränke sollen vermieden werden, sie sind eine der Hauptquellen für Kalorien mit einem geringen Anteil an Nährstoffen.
3. Es sollen gesunde Öle verwendet werden, für den Kalorienanteil dieser Fettquellen gibt es keinen Grenzwert.

BEISPIELTELLER

Damit du dir diese Empfehlungen besser vorstellen
kannst, findest du hier einen Beispieltag: jeweils
einen Gesunden Teller zum Frühstück, zum Mittagessen und zum Abendessen. Die Verteilung ist an
die vegane Ernährung angepasst.

Frühstück

Overnight-Oats

1 Portion Obst (z. B. Banane)
1 Portion Vollkorngetreide (z. B. Haferflocken)
1 Portion Milchalternative (z. B. Mandeldrink)
1 Portion Nüsse (z. B. Walnüsse)
1 Portion pflanzliches Öl (z. B. Leinöl)

Mittagessen

Reispfanne

2 Portionen Gemüse (z. B. Zucchini, Paprika)
1 Portion Vollkorngetreide (z. B. Reis)
1 Portion Hülsenfrüchte (z. B. Kichererbsen)
1 Portion pflanzliches Öl (z. B. Rapsöl)
Jodiertes Speisesalz
Vitamin B12

Abendessen

Ofengemüse

2 Portionen Gemüse (z. B. Aubergine, Möhre)
1 Portion Kartoffeln
1 Portion Nüsse (z. B. Mandelmus)
1 Portion Hülsenfrüchte (z. B. Kidneybohnen)

HERAUSFORDERUNG FÜR DIE VERDAUUNG

Bei der Umstellung auf eine vegane Ernährung können zu Beginn Verdauungsbeschwerden auftreten. Lass dich davon nicht irritieren, sie sind eine Folge der veränderten Ernährungsweise. In Hülsenfrüchten und Vollkorngetreide – die einen sehr großen Anteil der veganen Ernährung ausmachen – befinden sich viele Ballaststoffe, die den Darm herausfordern.

Je nachdem, was vor dem Umstieg auf die rein pflanzliche Ernährung auf deinem Teller lag, ist deine Verdauung mit den vielen Kohlenhydraten bzw. Ballaststoffen möglicherweise überfordert. Das ist normal, denn sie muss sich erst mal auf die veränderte Lebensmittelauswahl umstellen und daran anpassen. Sollten deine Beschwerden jedoch mehrere Wochen anhalten, solltest du einen Arzt konsultieren, um mögliche Unverträglichkeiten oder andere Ursachen auszuschließen.

BLÄHUNGEN

Die häufigsten Beschwerden nach einer Umstellung auf vegane Kost sind Blähungen. Sie sind in erster Linie ein – gutes – Zeichen dafür, dass deine Darmflora arbeitet, doch viele Menschen beklagen einen ständigen Blähbauch und viel Luft, die abgeht. Körperliche Phänomene wie Blähungen haben nie nur einen Grund, sie sind immer die Folge einer Summe von Ursachen. Bei Blähungen sind das allem voran Darmbakterien und verschluckte Luft (Aerophagie).

Darmbakterien

Die meiste Luft im Bauch entsteht durch die Verdauung von Kohlenhydraten – genauer gesagt, durch die Nicht-Verdauung. Der Körper kann nicht alle Kohlenhydratformen sofort aufnehmen. Tatsächlich gelingt ihm das nur bei einem kleinen elitären Kreis an Kohlenhydraten: den Einfachzuckern. Komplexere Zuckermoleküle wie Stärke und andere Mehrfachzucker (Polysaccharide) müssen erst zerlegt werden. Isst du eine Scheibe Vollkornbrot, also ein Brot bestehend aus komplexen Kohlenhydraten (Mehrfachzucker), werden diese im Verdauungstrakt nach und nach in Einfachzucker umgewandelt, die schließlich aus dem Dünndarm ins Blut gelangen.

Ein Vollkornbrot besteht jedoch nicht nur aus komplexen Kohlenhydraten, die wir zerlegen und schließlich aufnehmen. Ihre nahen Verwandten, die Ballaststoffe, kann unser Körper nicht aufspalten. Sie durchlaufen alle Stationen und landen unverdaut im Dickdarm.

Vollkornbrot ist lecker und gut für den Darm.

In unserem Darm leben Billionen Bakterien, sie bilden das sogenannte Mikrobiom. Mit diesen Bakterien leben wir in Symbiose, das heißt, beide Parteien profitieren voneinander. Wir Menschen bieten den Bakterien ein Dach über dem Kopf und Nahrung. Und die Bakterien schützen uns, ihre Behausung und ihren Nahrungslieferanten, vor Eindringlingen und steuern Vitamine bei. Und diese Symbiose ist schuld an Blähungen. Ein Pups entsteht, wenn die Bakterien unseres Darms essen. Dann stoßen sie »Mini-Pupse« aus, die in Summe einen Menschen-Pups ergeben. Die Gase entstehen zum Großteil bei der Zersetzung von unverdaulichen Kohlenhydraten, den Ballaststoffen.

Verschluckte Luft (Aerophagie)

Der zweite Hauptgrund für Blähungen ist verschluckte Luft. Aerophagie, der Fachbegriff dafür, hat viele Ursachen. Diejenigen, die unmittelbar mit der Ernährung zusammenhängen, sind: hastiges Essen, kohlensäurehaltige Getränke, Kaugummi kauen sowie aus einem Strohhalm trinken. Luft gelangt auch über normales Essen und Getränke in den Verdauungstrakt. Wasser besteht aus Wasserstoff und Sauerstoff (H_2O), also »Luft«, zudem schleusen wir mit jedem Schluckvorgang eine kleine Menge Umgebungsluft in den Magen-Darm-Trakt. Doch auch unser Lebensstil ist beteiligt.

Rauchen, lose Zahnprothesen und »falsches« Atmen (vor allem beim Sport) erhöhen ebenfalls die Menge an Luft im Bauch und fördern somit Blähungen. Die überschüssige Luft im Verdauungstrakt muss schließlich wieder raus, und das geht auf zweierlei Wegen: abatmen oder pupsen. Wie oft du pupst, hängt somit nicht nur davon ab, wie und was du isst. Sondern auch davon, wie du lebst:

- Sitzt du den ganzen Tag oder bewegst du dich regelmäßig?
- Wie lange schläfst du?
- Wie ist die Schlafqualität?
- Wie stressig ist dein Alltag?

Die Fragen mögen dir seltsam vorkommen, wenn es darum geht, die Ursachen deines Blähbauchs zu finden. Doch sie sind keineswegs unwichtig, denn dein Lebensstil ist entscheidend für deine Darmgesundheit. Als Faustregel kannst du dir merken: Je träger du lebst, desto träger wird dein Verdauungstrakt.

DIE PSYCHE UND DER DARM

Psychische Erkrankungen, darunter auch Depressionen, stehen in direktem Zusammenhang mit dem Auftreten von Reizdarm und somit von Blähungen. Der kausale Zusammenhang ist nicht eindeutig geklärt: Führen exzessive Blähungen zu depressiver Verstimmung oder andersrum? Gibt es überhaupt einen direkten Zusammenhang oder treten Reizdarm und psychische Erkrankungen nur gleichzeitig auf? Wie dem auch sei, Psyche und Darmgesundheit beeinflussen sich gegenseitig. Nicht umsonst spricht man oft vom Darmhirn.

EIN ERNÄHRUNGSTAGEBUCH FÜHREN

Ein Ernährungstagebuch ist ungemein hilfreich bei der Suche nach den Ursachen, die deiner Verdauung zu schaffen machen. Dort trägst du jede Mahlzeit und jedes Getränk samt Uhrzeit ein, dazu notierst du, wie du dich danach fühlst. Es geht nicht so sehr darum, wie viel du isst, sondern um die Lebensmittel an sich. Dabei gibt es meist eine Hauptkomponente und einige Beilagen oder Zutaten. Nach zwei bis drei Wochen verschafft dir ein solches Ernährungstagebuch einen guten Überblick über die Situation. Du kannst potenzielle Störenfriede erkennen und beseitigen oder dich auf dieser Basis mit deinem Arzt oder einer Ernährungsfachkraft beraten.

Du kannst die Daten in ein Notizbuch eintragen, in eine Exceltabelle oder in eine App – die Form spielt keine Rolle. Du solltest nur alle Daten in einer übersichtlichen Tabelle festhalten. Auf der rechten Seite findest du ein Beispiel für ein Ernährungstagebuch.

Mahlzeit	Komponenten	Getränke	Gefühl nach ca. 20 Minuten	Gefühl nach ca. 3-4 Stunden	Bewegung
Frühstück 8:00 Uhr	Haferflocken (Hauptkomponente) Banane Sojadrink Leinsamen Walnüsse	Kaffee	angenehm satt, energiegeladen, »bereit für den Tag«	nicht aufgebläht, Sättigungsgefühl lässt so langsam nach	10 Minuten mit dem Rad zur Arbeit
Mittagessen 12:00 Uhr	Weißer Reis (Hauptkomponente) braune Linsen Paprika Möhre passierte Tomaten	Apfel-schorle	satt, etwas müde	etwas aufgebläht, hungrig	
Snack 16:00 Uhr	Walnüsse Cashewkerne		leichte Sättigung	keine Veränderung festzustellen	10 Minuten mit dem Rad Heim-weg von der Arbeit
Abendessen 18:00 Uhr	Ofenkartoffeln (Hauptkomponente) Zucchini Aubergine Kichererbsen Joghurtdip	stilles Wasser	sehr satt, viel Volumen	aufgebläht, viele Blähungen, immer noch satt	

Auswertung des Ernährungstagebuchs

In der Regel kannst du schon nach wenigen Tagen erkennen, wo deine »Schwachpunkte« liegen. Das sind nicht nur die Lebensmittel, auch der Zeitpunkt, an dem wir etwas essen, kann eine Rolle spielen.

Schauen wir uns das Beispiel an. Das Frühstück war ein guter Energielieferant für den Tag und bis zum Mittagessen war alles bestens. Das Mittagessen hat etwas müde gemacht. Nachmittags musste dann noch ein kleiner Snack her, wobei schon leichte Blähungen spürbar waren. Abends vor dem Schlafen sind die Blähungen stärker geworden. Wie du siehst, stehen hier viele gute Ballaststoffquellen und Hülsenfrüchte auf dem Plan. Generell ist das ein guter Tagesplan, aber wenn du vorher wenig davon gegessen hast, können Verdauungsbeschwerden auftreten. Hinzu kommt die Kohlen-

säure in der Apfelschorle und wenig Bewegung. Nehmen wir an, du hast nach drei Wochen herausgefunden, dass du Haferbrei, Reis, Hirse, Kartoffelsuppe (aber keine gekochten Kartoffeln am Stück), schwarze Bohnen (aber keine Kidneybohnen), Äpfel, Orangen, Papaya und einige Gemüsesorten gut verträgst. Dann isst du eben eine Zeit lang die Lebensmittel, von denen du weißt, dass sie dir keine Probleme bereiten. Danach versuchst du regelmäßig, die Lebensmittel oder Gerichte wieder in deinen Ernährungsplan aufzunehmen, die du zuvor nicht vertragen hast. Wichtig dabei ist, dass du mit Bedacht vorgehst. In der Regel gewöhnt sich der Körper mit der Zeit an die neue Kost. Du brauchst also keine Angst zu haben, dass du ein bestimmtes Lebensmittel nie wieder essen kannst, nur weil es zu Beginn Blähungen verursacht hat.

TIPPS GEGEN BLÄHUNGEN

Die hier aufgeführten Tipps helfen dabei, Blähungen zu mildern, und sind insgesamt förderlich für die Verdauung und für die Gesundheit.

GRÜNDLICH KAUEN

Das Essen gründlich zu kauen ist der Standardtipp schlechthin: Die Verdauung vieler Kohlenhydrate beginnt bereits in der Mundhöhle, dort werden sie von dem im Speichel enthaltenen Enzym Amylase aufgespalten. Zudem führt zu schnelles Essen bzw. Schlingen zum Luftverschlucken. Und die Folge davon kennst du bereits.

BLÄHENDE LEBENSMITTEL MEIDEN

Gerade pflanzliche Lebensmittel mit vielen Ballaststoffen sind super. Aber leider auch manchmal ziemlich blähend. Hier eine kleine Liste potenziell blähender Lebensmittel:

- aktive Hefen
- alle Kohlsorten
- Bohnen
- Linsen
- Zwiebeln
- Knoblauch
- unreifes Obst
- Feigen

Die gute Nachricht ist: Es gibt einen Gewöhnungseffekt, der in Studien mit Bohnen und anderen blähenden Lebensmitteln nachgewiesen wurde. Deshalb ist das Ernährungstagebuch so wertvoll: Anfangs blähende Lebensmittel wie Bohnen können mit der Zeit besser und ohne Blähungen zu verursachen, verdaut werden.

LEISE TRINKEN

Versuche stets ausreichend Flüssigkeit zu dir zu nehmen, ohne es zu übertreiben. Die Empfehlung liegt bei 1,5 bis 2 Liter pro Tag – bei wasserreicher Nahrung (Gemüse, Obst etc.), durchschnittlicher Statur, normaler körperlicher Aktivität und mäßigen Temperaturen. Bei Sport und hohen Temperaturen erhöht sich der Bedarf.
Kohlensäurehaltige Getränke können jedoch zu Blähungen führen. Genauso zuckerreiche und alkoholische Getränke. Willst du Blähungen vermeiden, solltest du überwiegend leise Getränke (stilles Wasser, ungezuckerte Tees) bevorzugen.

AUSREICHEND BEWEGUNG

Bewegung ist essenziell für eine gute Verdauung und eine optimale Gesundheit. Vielleicht sitzt du im Alltag viel? Womöglich noch in einer gekrümmten Haltung, die deinen Verdauungstrakt unnatürlich staucht? Dagegen hilft nur eins: Bewegung. Zwischendurch aufstehen und sich strecken, spazieren gehen, regelmäßig Sport treiben, im Stehen arbeiten – all dies kann deine Verdauung unterstützen.

CLEVER WÜRZEN

Mit den richtigen Gewürzen kannst du deine Gerichte ganz einfach blähungsfreundlich zubereiten und nebenbei für kulinarische Abwechslung sorgen. Viele Gewürze wirken sich positiv auf die Verdauung aus und sind gerade bei Hülsenfrüchten eine sinnvolle Ergänzung. Diese Gewürze sind zu empfehlen: Anis (nicht der Schnaps, der wurde in Studien als wirkungslos enttarnt), Basilikum, Cumin (Kreuzkümmel), Fenchel und Fenchelsamen, Ingwer, Kamille, Kardamom, Kümmel, Pfefferminze und Zimt.

GEKOCHT STATT ROH

Zwar ist ein gewisser Anteil an rohen Lebensmittel gesund, doch diese können ebenfalls zu Blähungen und anderen Beschwerden führen. Solltest du unter akuten Problemen leiden, empfehle ich dir, möglichst wenig rohe Lebensmittel zu essen. Zubereitetes Gemüse – gedünstetes Gemüse oder Suppen – ist generell bekömmlicher als Rohkost. Wenn es dir wieder besser geht, kannst du den Anteil an Rohkost wieder erhöhen.

DIE TOP 5 MEINER ERNÄHRUNGS-EMPFEHLUNGEN

In den vergangenen Jahren habe ich so einiges ausprobiert. Ich habe mir viel Wissen über gesunde Ernährung angeeignet und Erfahrungen mit verschiedenen Ernährungskonzepten gemacht. Daraus haben sich für mich die folgenden fünf Empfehlungen abgeleitet, die ich dir ans Herz legen möchte. Diese Tipps gelten natürlich auch für jede andere Ernährungsform.

1. ISS BUNT, ISS GESUND

Nutze die volle Farbpalette des Lebensmittelregenbogens! Farben spielen in der menschlichen Ernährung eine große Rolle. Farbenfrohes Essen wirkt appetitlich und gesund. Das ist der Grund, warum du bei Werbung im Lebensmittelsektor so viele Farben siehst, obwohl das Endprodukt häufig eher trist daherkommt. Iss dich querbeet durch die Obst- und Gemüseabteilung.

Es ist generell wichtig, abwechslungsreich zu essen. Greif nicht immer nur zu denselben zehn Lebensmitteln. Wir können heute aus einer riesigen Vielfalt wählen und sollten dies auch tun – zumindest, was möglichst wenig verarbeitete Lebensmittel angeht. Der Verzicht auf Fleisch, Fisch, Eier, Milchprodukte und Honig stellt keinesfalls eine große Einschränkung dar. Du wirst sehen, dass es da draußen noch schier unendlich viele leckere Dinge gibt, die du garantiert noch nicht probiert hast. Und das Beste ist: Du brauchst keine tierischen Produkte, um gesund zu sein.

2. VERTEUFLE WEDER FETT NOCH KOHLENHYDRATE

Die zwei bedeutendsten Energielieferanten unter den Makronährstoffen – also Kohlenhydrate und Fette – werden gerne dämonisiert. Mal ist das Fett der größte Übeltäter, mal sind es die Kohlenhydrate. Doch warum sollte einer der Makronährstoffe uns schaden, wenn der Körper darauf spezialisiert ist, ihn perfekt zu verwerten? Der Mensch verwendet sowohl Fette als auch Kohlenhydrate für die Energienutzung, wobei Letztere bevorzugt werden und eine besondere Rolle einnehmen, da unser Gehirn Glukose mag.

»Fett macht fett« ist eine Aussage, die sich seit Jahren hält. Dabei ist es die überschüssige Energie, die dick macht. Ob wir diese aus Fett, Eiweiß oder Kohlenhydraten beziehen, macht kaum einen Unterschied. Alle drei Makronährstoffe können bei einem Energieüberschuss in körpereigenes Fett umgewandelt werden. Sie sind dabei lediglich unterschiedlich effizient.

3. PASSE DEINE ERNÄHRUNGSWEISE DEINEM LEBEN AN – NICHT UMGEKEHRT

Viel zu oft habe ich mit Menschen zu tun, die sich total darauf eingeschossen haben, ihre Ernährung zu perfektionieren – ich war selbst so. Dabei ver-

Gönn dir leckere Muffins zum Kaffee – vegane Ernährung bedeutet nicht, dass du verzichten musst.

gessen sie, ihr Leben zu leben, mit allem, was dazugehört. Deshalb möchte ich dir mit auf den Weg geben, deine Ernährung so auszulegen, dass du mit ihrer Hilfe deine persönlichen gesundheitlichen und sportlichen Ziele erreichst, ohne dabei das Leben zu vergessen. Bist du ein ambitionierter Leistungssportler, so wird sich deine optimale Ernährungsform von der einer sportlich eher inaktiven Person unterscheiden.

4. NICHTS IST IN STEIN GEMEISSELT

Vorgaben sind wichtig, aber benutze deinen gesunden Menschenverstand. Das heißt nicht, dass du regelmäßig zu Junkfood greifen sollst, sondern es ist ein Aufruf zum selbstbestimmten Essen. Mit dem nötigen Grundlagenwissen und einer guten Portion Pragmatismus, bist du in der Lage, gesund und zielführend zu essen. Es kommt einzig und allein darauf an, einen Weg zu finden, bei dem du dich wohlfühlst und bei einer gesunden Ernährungsweise bleibst. Ob du morgens frühstückst oder nicht, ist völlig dir überlassen. Und ob du lie-

ber fünf kleine oder drei größere Mahlzeiten zu dir nimmst – es ist deine Entscheidung.

5. GÖNN DIR WAS

Was nützt es, wenn du dich dauernd kasteist und deine psychische Gesundheit darunter leidet? Essen hat auch eine soziale und emotionale Komponente, der oft nicht genug Beachtung geschenkt wird. Ich ernähre mich seit Jahren nach der 80:20- bzw. 90:10-Methode. Diese besagt, dass 80 bis 90 Prozent der Ernährung aus ganzen, gesunden Lebensmitteln bestehen sollten. 10 bis 20 Prozent dürfen auch mal kleine »Sünden« sein. Das wären dann beispielsweise die Blaubeermuffins (Seite 112) oder die Mini Apple Pies (Seite 166) aus den Rezepten dieses Buches. Wichtig ist, dass die prozentuale Verteilung sich nicht immer mehr zugunsten der »Sünden« verschiebt. Mit dieser Methode ist es für die meisten Menschen leichter, langfristig eine gesunde Ernährung beizubehalten. Extreme Einschränkungen ohne konkretes Ziel (z. B. sportliche Wettkämpfe) führen dauerhaft zu Unzufriedenheit und die Motivation ist dahin.

MYTHEN RUND UM DIE VEGANE ERNÄHRUNG

Menschen, die sich vegan ernähren, stoßen immer wieder auf Unverständnis. Sie werden mit Vorurteilen konfrontiert, die meist auf zu wenig oder falschen Informationen basieren, sich aber dennoch hartnäckig halten. Mit einigen dieser Mythen rund um die vegane Ernährung möchte ich hier aufräumen.

VEGANER HABEN EINEN PROTEINMANGEL

Es ist wohl der mit Abstand am weitesten verbreitete Mythos, dass Veganer unter Proteinmangel leiden. Fakt ist: Die empfohlene Tagesdosis für Eiweiß liegt für die meisten Menschen bei 0,8 Gramm pro Kilogramm Körpergewicht, diese ist bei einer veganen Ernährung zu erreichen. Es gibt eine Vielzahl von pflanzlichen Lebensmitteln, die hochwertige Proteinquellen sind. Dazu gehören zum Beispiel Linsen, Bohnen, Soja, Nüsse, Samen, Vollkorngetreide, Gemüse. Selbst Personen mit einem erhöhten Eiweißbedarf, wie (Leistungs-)Sportler, Senioren oder Jugendliche, können den Bedarf abdecken.

Natürlich können auch Veganer zu wenig Eiweiß aufnehmen. Aber das gilt ebenso für jede andere einseitige Ernährungsform, die kaum eiweißreiche Lebensmittel enthält.

VEGANE ERNÄHRUNG IST EXTREM

Viele assoziieren die vegane Ernährung mit einer extremen Einschränkung der Lebensmittelauswahl.

Wenn du genauer hinschaust, siehst du, dass das keineswegs der Fall ist. Auch wenn tierische Produkte wegfallen, eröffnet sich eine bunte Vielfalt an leckeren pflanzlichen Lebensmitteln. Es gibt unglaublich viele von Haus aus vegane Produkte und eine riesige Auswahl an Alternativen zu Fleisch, Milchprodukten, Fisch und Eiern. Sei einfach offen und probiere dich durch.

NUR MIT FLEISCH KÖNNEN ALLE NÄHRSTOFFE ABGEDECKT WERDEN

Es stimmt, dass Fleisch Vitamin B12 und Eisen enthält, welches potenziell kritische Nährstoffe in

Es muss nicht immer Tofu sein – Edamame sind ein feiner Snack.

einer veganen Ernährung sind. Aber in Fleisch sind auch sehr viele Nährstoffe nicht enthalten. Zudem fehlen Ballaststoffe und sekundäre Pflanzenstoffe, die es in der veganen Ernährung in großen Mengen gibt. Eisen lässt sich auch mit pflanzlichen Lebensmitteln abdecken, sodass man nicht auf Fleisch angewiesen ist.

VEGANER MÜSSEN IN BIOMÄRKTEN EINKAUFEN

Wie schon erwähnt, sind die meisten Grundnahrungsmittel von Natur aus vegan. Und Reis, Hülsenfrüchte, Getreide, Obst, Gemüse, Nüsse sowie Samen bekommt man in jedem Supermarkt oder Discounter. Wer Ersatzprodukte möchte, muss mittlerweile auch nicht mehr in spezielle Biomärkte oder Reformhäuser gehen. Der Einzelhandel reagiert schnell auf die Nachfrage, sodass auch diverse Ersatzprodukte überall zu finden sind. Und das nicht nur bei Sonderaktionen.

MILCHPRODUKTE SIND ESSENZIELL FÜR STARKE KNOCHEN

Milchprodukte sind nicht essenziell für starke Knochen, aber Kalzium ist wichtig für viele Körperfunktionen. Natürlich ist es daher wichtig, genug Kalzium aufzunehmen. Aber es gibt viele pflanzliche Lebensmittel, die viel Kalzium enthalten, zum Beispiel Sojaprodukte, Bohnen, Linsen, Erbsen, Spinat, Sesamsamen, Mandeln, kalziumreiches Mineralwasser und Feigen.

SOJA ERHÖHT DAS BRUSTKREBSRISIKO

Zum aktuellen Zeitpunkt gibt es keine überzeugenden Nachweise dafür, dass der Konsum von Sojaprodukten das Brustkrebsrisiko erhöht. Dieses Missverständnis könnte auf früheren Studien an Nagetieren basieren, die ergaben, dass Tiere, die große Mengen von Soja-Verbindungen, den sogenannten Isoflavonen, erhielten, eher an Brustkrebs erkrankten. Menschen verarbeiten Soja jedoch anders als Nagetiere.

Eine im Februar 2020 veröffentlichte Studie suchte nach Zusammenhängen zwischen Soja, Milchkonsum und Brustkrebsrisiko. Die Wissenschaftler hatten 52 795 krebsfreie Frauen in den USA über durchschnittlich 7,9 Jahre untersucht. Sie fanden keinen klaren Zusammenhang zwischen Soja-Konsum und Brustkrebs, identifizierten aber einen zwischen Milch und Brustkrebs.

Das Gesamtbild ist jedoch etwas komplexer. Einige Frauen verwenden Nahrungsergänzungsmittel auf Sojabasis als natürliche Alternative zur Hormontherapie in der Menopause. Eine große Studie untersuchte, ob diese Nahrungsergänzungsmittel mit dem Brustkrebsrisiko in Verbindung gebracht werden können. Die Forscher fanden jedoch keinen Zusammenhang zwischen der früheren Einnahme von Sojapräparaten und Brustkrebs. Besteht allerdings eine familiäre Vorbelastung, könnte die Einnahme bei diesen Frauen das Risiko erhöhen. Generell ist Brustkrebs eine Krebsart, bei deren Entstehung die Genetik eine große Rolle spielt. Aus all dem zieht die *American Cancer Society* den Schluss, dass der Verzehr von Soja keine Gefahren birgt und die gesundheitlichen Vorteile das potenzielle Risiko überwiegen.

SOJA SENKT DEN TESTOSTERONSPIEGEL

In einer Studie an Ratten wurde eine Reduktion des Testosteronlevels und des Prostatagewichts durch die Gabe von Isoflavonen nachgewiesen. So kam es zu der Aussage, Soja würde den Testosteronspiegel senken.

Eine Metaanalyse von 2020 untersuchte die Auswirkung von Soja oder Isoflavonen auf Testosteron, Östradiol, Östron und das sexualhormonbindende Globulin. Sie schloss auch Humanstudien ein. Die Metaanalyse ergab, dass es keine signifikanten Effekte der Sojaprotein- oder Isoflavinaufnahme auf eine der gemessenen Parameter gibt. Unabhängig von Dosis und Studiendauer wurde der Hormonspiegel nicht beeinflusst.

Du kannst als Mann also ohne Bedenken mehrmals pro Woche Sojaprodukte wie Tofu, Edamame oder Tempeh essen.

10 TYPISCHE FRAGEN AN VEGANER

Vor acht Jahren habe ich mich dazu entschieden, die vegane Ernährung zu testen. Damals gab es kaum genießbare Ersatzprodukte und ich traf auf mehr Unverständnis als Bewunderung. Mit der Zeit und der wachsenden Popularität des Veganismus wurden jedoch immer mehr Menschen neugierig. Hier findest du die zehn häufigsten Fragen, die mir gestellt wurden, und meine Antworten darauf.

1. WOHER BEKOMMST DU DEIN EIWEISS?

Eiweiß bekomme ich aus Bohnen, Linsen, Erbsen, Sojaprodukten, Gemüse, Haferflocken, Reis, Nüssen und vielen weiteren Lebensmitteln. Proteine sind in jedem ganzen Lebensmittel enthalten. Und bei einem erhöhten Proteinbedarf, zum Beispiel bei Sportlern, können leckere pflanzliche Eiweißshakes ergänzt werden.

2. WARUM ISST DU SOJA, WENN DAFÜR DER REGENWALD STERBEN MUSS?

Der Regenwald muss nicht wegen Tofu sterben, sondern weil die Tierindustrie Futter braucht und Soja vergleichsweise billig ist. Wenn dir der Regenwald am Herzen liegt, solltest du also eher auf Fleisch verzichten oder den Konsum reduzieren.

3. ESSEN VEGANER NICHT DEM ESSEN DAS ESSEN WEG?

Die Tiere werden oft gemästet, um schnell das gewünschte Gewicht zu erreichen. Das Futter besteht meist aus Abfallprodukten, die zum Beispiel beim Bierbrauen, bei der Brotherstellung oder beim Ölpressen anfallen. In der Regel wird das Futter mit Zusatzstoffen angereichert. Die wichtigsten Einzelfuttermittel sind Getreidearten wie Weizen, Gerste und Mais, gefolgt von der Gruppe der Ölschrote (Soja, Raps). Das Futter wird teilweise extra für die Tiere angebaut und technologisch behandelt. Also könnte man auch sagen, dass Grundlebensmittel für Menschen, wie Getreide, Mais, Soja und Raps, von den Tieren weggegessen werden. Von diesen großen Mengen könnten viele Menschen in armen Ländern ernährt werden.

4. DENKST DU WIRKLICH, DU HILFST DEN TIEREN?

Ja, das denke ich schon. Die meisten Tiere werden in Massen gehalten, leben viel zu kurz, und das unter schlimmsten Bedingungen. Und auch das Schlachten ist meist mit sehr großem Stress für die Tiere verbunden. Hier muss man natürlich zwischen Massentierhaltung, Biohaltung und zum Beispiel selbst geschossenem Wildfleisch unterscheiden. Aber schaut man sich die Relationen an, dominiert die Massentierhaltung ganz eindeutig.

5. MÜSSEN KÜHE NICHT SOWIESO GEMOLKEN WERDEN?

Kühe müssen regelmäßig gemolken werden, das stimmt. Aber Milchkühe werden nur deshalb so oft gemolken, weil sie immer wieder künstlich geschwängert werden, damit sie mehr Milch produzieren. Die Milch ist normalerweise für das Kalb bestimmt, wandert aber in die Molkerei. Die körperliche Belastung für die Tiere, die darauf gezüchtet werden, viel Milch zu geben, ist extrem hoch.

6. IST VEGANE ERNÄHRUNG NICHT GEGEN DIE NATUR?

Sich vegan zu ernähren ist unnatürlich und erst seit wenigen Jahren für viele Menschen möglich. Aber es ist möglich. Und in den Industrienationen sind wir in der glücklichen Lage, dass wir frei darüber entscheiden können, was wir essen und welche alten Gewohnheiten wir ablegen. Schaut man sich die Ernährung in ärmeren Ländern an, ist diese oft sehr arm an tierischen Produkten. Die Hauptnahrungsmittel sind Mais, Reis und Bohnen – sie haben eine gute Verfügbarkeit und sind günstig. Fleisch, Eier, Fisch und Milchprodukte werden eher in geringen Mengen verzehrt und stammen oftmals vom eigenen Hof bzw. aus eigenem Anbau und nicht aus der Massentierhaltung.

7. WAS KANNST DU ÜBERHAUPT NOCH ESSEN?

Ich kann sehr viel essen! Die Vorstellung, dass Veganer nur Obst und Gemüse essen dürfen, müsste eigentlich schon längst aus den Köpfen raus sein. Denn wie schon erwähnt, sind die meisten Grundnahrungsmittel vegan. Durch die Umstellung auf die vegane Ernährung werden vergleichsweise mehr »neue« Lebensmittel integriert als »alte« Lebensmittel wegfallen.

8. WARUM ESSEN VEGANER SACHEN, DIE SCHMECKEN WIE FLEISCH, WENN SIE DOCH DAGEGEN SIND?

Die häufigsten Gründe für eine vegane Ernährung sind Ethik, Gesundheit, Umwelt, Spiritualität sowie Religion. Nur in sehr wenigen Fällen entscheiden sich Menschen dafür, weil ihnen Fleisch nicht schmeckt. Und genau deshalb gibt es vegane und vegetarische Fleischalternativen. So bleibt der Genuss nicht auf der Strecke, aber es müssen keine Tiere dafür leiden bzw. getötet werden.

9. IST VEGAN NICHT VOLL TEUER?

Die vegane Ernährung basiert auf minimal verarbeiteten bzw. unverarbeiteten Lebensmitteln. Ersatzprodukte sind teuer, aber darauf konzentriert sich diese Ernährungsweise nicht. Obst, Gemüse, Hülsenfrüchte und Getreide sind günstige Grundnahrungsmittel. Werden die Lebensmittel nach Saison gekauft, sind sie meistens noch günstiger. Leider wird Fleisch immer billiger und kostet teilweise, auf das Gewicht gerechnet, weniger als Hülsenfrüchte. Trotzdem ist eine pflanzliche Ernährung, basierend auf ganzen Lebensmitteln, nicht teuer.

10. WILLST DU DAS DEINEN KINDERN (SPÄTER) AUCH AUFZWINGEN?

Eltern »zwingen« ihren Kindern ohnehin alles auf, denn die Kleinen sind darauf angewiesen, versorgt zu werden. Achtet man als Eltern auf Ausgewogenheit, ist eine vegane Ernährung unter bestimmten Voraussetzungen auch im Kindesalter möglich. Ich persönlich würde meinen Kindern nie eine bestimmte Ernährungsform aufzwingen, sondern die vegane Ernährungsweise vorleben, aber sie selbst entscheiden lassen, was sie essen möchten.

AB JETZT VEGAN

Du hast dich dafür entschieden, die vegane Ernährung auszuprobieren, und bist voller Tatendrang. Doch der Blick in deinen Vorratsschrank verunsichert dich. Was darfst du davon noch essen? Und wie funktioniert es, wenn du im Büro bist oder auf Reisen? In diesem Kapitel erfährst du, wie du deine Küche, deinen Vorratsschrank und deinen Tagesplan ganz einfach auf eine vegane Ernährung umstellen kannst. Viel Spaß dabei!

DIE ERSTEN SCHRITTE

Das Konzept dieses Buches ist ein 4-Wochen-Programm für den Einstieg in die vegane Ernährung – das heißt, ich möchte dir die Umstellung möglichst leicht machen, damit du Spaß daran findest und nicht nach drei Tagen die Lust verlierst. Du beginnst mit einer Bestandsaufnahme deiner Vorräte und mit ersten veganen Gerichten, die ohne Ersatzprodukte auskommen.

BESTANDSAUFNAHME UND AUSMISTEN

Wenn du dich entscheidest, die vegane Ernährung auszuprobieren, solltest du dir zunächst deine Vorräte anschauen. Durchforste Vorratsschrank und Kühlschrank und sortiere alle Lebensmittel aus, die du nicht mehr essen/trinken möchtest. Ob du sie selbst aufbrauchst oder ob du sie weggibst, ist dir überlassen.

VORRÄTE AUFFÜLLEN

Mache dir eine Liste von den Lebensmitteln, die du für deine neue Ernährungsweise brauchst. In den folgenden Kapiteln stelle ich dir einige Produkte vor, die als Ersatz für Milch, Milchprodukte, Eier oder Fleisch dienen. Darüber hinaus gebe ich dir Tipps, welche Lebensmittel du immer vorrätig haben solltest. Dazu kommen natürlich frisches Obst und Gemüse.

FAMILIE UND FREUNDE INFORMIEREN

Erzähle deiner Familie und guten Freunden, was du vorhast. Vielleicht macht auch jemand mit und probiert ebenfalls die vegane Ernährung aus. .

Sortiere deine Vorräte aus und fülle sie mit veganen Produkten auf.

MAHLZEITEN NACH UND NACH UMSTELLEN

Manche Menschen gehen Umstellungen radikal an, anderen fällt es schwer, von heute auf morgen komplett vegan zu essen. Mach dir keinen Stress. Wenn es für dich leichter ist, stelle deine Ernährung in Etappen um. Am besten funktioniert das, wenn du einzelne Zutaten oder Mahlzeiten nach und nach ersetzt.

DEINE REZEPTSAMMLUNG DURCHFORSTEN

Schau dir deine Lieblingsrezepte unter dem veganen Aspekt an. Ich bin mir sicher, dass einige Rezepte darunter bereits vegan sind. Bei anderen ist es vermutlich ganz einfach, sie zu veganisieren, indem du zum Beispiel Eiernudeln durch Nudeln aus Hartweizengrieß ersetzt oder die Sahne im Salatdressing durch Öl oder Pflanzendrink.

NEUE REZEPTE PROBIEREN

Bei der Umstellung auf eine vegane Ernährung wirst du eine ganz neue Art der Kulinarik kennenlernen. Suche dir zu Beginn unkomplizierte Rezepte aus, aber traue dich mit der Zeit auch an Gerichte, die dich etwas mehr herausfordern. So wie es das 4-Wochen-Programm in diesem Buch beschreibt.

REZEPTSAMMLUNG ANLEGEN

Markiere die Rezepte in diesem Buch, die du am leckersten findest, notiere deine veganisierten Lieblingsrezepte und auch Basisrezepte, die du immer wieder variieren kannst. So entsteht nach und nach deine persönliche vegane Rezeptsammlung.

Schreib auf, was von den neuen Lebensmitteln dir besonders gut schmeckt.

TIERISCHE ZUTATEN IN LEBENSMITTELN

Du weißt vermutlich schon, dass sich in vielen Lebensmitteln, in denen man es gar nicht vermutet, tierische Zutaten verstecken. Die häufigsten Produkte führe ich hier auf. Außerdem gebe ich dir eine Übersicht über die Bezeichnungen, hinter denen sie sich verbergen. Wenn du deinen Vorratsschrank entrümpelst, solltest du dir die Zutatenlisten ganz genau anschauen.

PRODUKTE MIT TIERISCHEN INHALTSSTOFFEN ERKENNEN

Du fragst dich vielleicht, ob du im Supermarkt nun immer alle Zutatenlisten genau studieren musst. Doch im Grunde ist es gar nicht so schwer. Die meisten der im Folgenden genannten Lebensmittel solltest du so oder so nur in geringen Mengen konsumieren und mittlerweile bietet das Vegan-Siegel eine Hilfestellung, sodass du auf einen Blick erkennen kannst, wo sich keine tierischen Zutaten verstecken.

Die häufigsten Produkte mit tierischen Inhaltsstoffen:

- Marshmallows und Gummibärchen (Gelatine und Honig)
- Gemüsesuppen (Hühnerbrühe)
- asiatische Gerichte und Gewürzpasten (Fischsauce)
- Grillsaucen (Worcestershire und BBQ mit Honig)
- Pommes (Rinder- oder Entenfett zum Frittieren)
- Popcorn und Chips (Milchpulver, Butter, Fleicharoma)
- Pasta (traditionell Hartweizengrieß, aber auch mit Ei)
- Brot (Milch und Eier)
- dunkle Schokolade (Milchpulver)
- Wein und Bier (Filterung)

ZUSATZSTOFFE IDENTIFIZIEREN

Die meisten tierischen Inhaltsstoffe erkennt man auf einen Blick, wie zum Beispiel Milchpulver oder Eier. Andere sind als Zusatzstoffe deklariert und werden als E-Nummer angegeben. Das kann schon mal sehr verwirrend sein und auch nicht auf den ersten Blick sichtbar. Daher führe ich hier die häufigsten tierischen Zusatzstoffe auf, inklusive ihrer E-Nummern.

E 120: Echtes Karmin

Auch bekannt als Cochenille, Karminsäure, Karminrot oder Natural Red 4, ist Karmin ein rotes Pigment, das durch Austrocknen und Kochen von Läusen entsteht. Eigentlich produzieren die zentral- und südamerikanischen Cochenilleläuse oder Nopal-Schildläuse die Säure, um damit Fressfeinde abzuwehren. Für den Farbstoff werden weibliche Läuse gezielt gezüchtet und getötet. Karmin kann ernsthafte allergische Reaktionen wie Hautausschläge, Atemwegsbeschwerden und getrübtes Sehvermögen auslösen. Du findest den Zusatzstoff zum Beispiel in Kosmetik (Lidschatten, Lippenstifte) und verschiedenen Lebensmitteln (rote Süßigkeiten, Getränke, Limonaden).
Alternativen sind Alkannawurzel, Rote-Bete-Saft oder synthetisch gewonnenes Karmin (E 124).

E 441: Gelatine

Gelatine ist ein Protein, das von Kühen und Schweinen stammt und durch das Kochen von Haut, Sehnen, Bändern und/oder Knochen mit Wasser erhalten wird. Es wird häufig als Verdickungsmittel in Fruchtgelees, Pudding (z. B. Götterspeise), Süßigkeiten, Marshmallows, Kuchen, Eis, Joghurt und zur Klärung von Wein genutzt. Aber auch als Glasur und Kapsel bei Medikamenten sowie in Kosmetika wird es verwendet.
Alternativen sind irländisches Moos (Knorpeltang) und Meeresalgen (Agar-Agar, Kelp-Alge, Algin).

E 901: Bienenwachs

Bienenwachs wird durch das Schmelzen von Honigwaben gewonnen. Es wird besonders in Kosmetika und für Kerzen vewendet, aber auch in der Zahntechnik genutzt.
Alternativen sind Paraffin, pflanzliche Öle und Fette, Carnaubawachs, Ceresin (Mineralwachs) Candelillawachs und Japanwachs.

GUT ZU WISSEN

Auf der Verpackung stehen oft Angaben wie »kann Spuren von xx enthalten«. Das sind Hinweise für Allergiker und betreffen meist Milch, Eier, Soja oder Nüsse. Es bedeutet jedoch nicht, dass das Produkt zum Beispiel Milch enthält, sondern dass es in einer Fabrik hergestellt oder abgefüllt wurde, in der auch Produkte mit Milch hergestellt werden.

E 904: Schellack

Schellack ist eine harzartige Substanz, die aus den Ausscheidungen der Lackschildlaus gewonnen wird. Es wird zur Glasur von Süßigkeiten, aber auch in Schmuck, Haarlack und Nagellack verwendet. Alternativen sind pflanzliche Wachse.

E 913: Lanolin

Andere Bezeichnungen für Lanolin sind Wollfett, Lanogene oder Lanolinium. Es ist ein Sekret aus der Talgdrüse von Schafen, das aus ihrer Wolle extrahiert wird. Verwendet wird es als Emolliens (Feuchtigkeitsspender) in Hautpflegeprodukten. Alternativen sind pflanzliche Öle.

E 966 Lactit

Lactit ist ein Zuckeraustauschstoff, der durch chemische Reaktion aus Laktose (Milchzucker) gewonnen wird und daher nicht vegan ist.
Alternativen sind rein pflanzliche Zuckeraustauschstoffe, wie Xylit, Erythrit, Mannit, Sorbit, Maltit und Isomalt.

GUTE ALTERNATIVEN

Die Regale im Supermarkt sind voll mit veganen Ersatzprodukten. Davon sind manche stark verarbeitet, andere bestehen aus mehr oder weniger natürlichen Lebensmitteln. Sie alle dienen dazu, den Gerichten einen bestimmten Geschmack und insbesondere auch eine bestimmte Konsistenz zu verleihen. Die folgenden Produkte gehören zu den natürlichen Lebensmitteln.

JACKFRUCHT

Die Jackfrucht hat sich als Fleischersatz einen Namen gemacht. Die tropische Frucht wird unreif geerntet, das Fruchtfleisch wird in Stücke geschnitten, abgefüllt und konserviert. Bei uns wird die Jackfrucht in Dosen, im Glas oder getrocknet angeboten. Du kannst sie ungewürzt kaufen oder fertig mariniert – dann sind allerdings oft unnötige Zusätze wie Zucker drin. Selbst zu marinieren ist die bessere Wahl. Dafür einfach die Jackfrucht mit Gewürzen und etwas Öl einreiben und über Nacht im Kühlschrank ziehen lassen. Die faserige Konsistenz entspricht ziemlich gut der von Pulled Pork. Je nach Zubereitung ist sie ideal als Ersatz für Hühnchen, aber auch Thunfisch. Sie stellt also einen guten Fleischersatz dar, jedoch nicht, wenn es um eine Proteinalternative geht. Denn mit nur 1,1 Gramm Eiweiß pro 100 Gramm ist die Jackfrucht keine Proteinbombe. Im Rezeptteil findest du einige Beispiele, wie du Jackfrucht zubereiten kannst: Jackfrucht-Curry (Seite 151), Jackfrucht-Fajitas (Seite 177) und Vegane »Fisch«-Frikadellen (Seite 180).

Die Textur von Jackfrucht gleicht der von Hühnchen.

AQUAFABA

Hinter diesem Begriff verbirgt sich das Kochwasser (lat. *aqua*) von Bohnen (lat. *faba*) oder anderen Hülsenfrüchten, das als Ersatz für Eiweiß dient. Ich verwende in der Regel Kichererbsenwasser. Aquafaba kann zur Herstellung von Eischnee, Mousse oder Backwaren wie Macarons, Biskuits und Brownies verwendet werden. In flüssiger Form wirkt es als Backtriebmittel und Emulgator. Durch das Aufschlagen mit einem Rührgerät oder Schneebesen bekommt es eine fluffige Konsistenz.

Das Problem ist, dass sich in dem Wasser unlösliche Ballaststoffe sammeln, die in größeren Mengen Verdauungsprobleme verursachen können. Wichtig ist auch zu beachten, dass es sich bei Aquafaba um das Kochwasser, nicht um das Einweichwasser handelt, das größere Mengen Phytinsäure enthält und daher keinesfalls benutzt werden soll.

Du kannst Aquafaba als Pulver im Internet kaufen, aber auch ganz einfach selbst herstellen. Wie das geht, kannst du auf Seite 71 nachlesen.

TOFU

Tofu wird aus Sojabohnen hergestellt. Fester Tofu eignet sich super für herzhafte Gerichte, die weichere Sorte zum Beispiel für Tofu-Rührei oder Desserts. Tofu ist reich an Kalzium, Eisen, Folsäure, Magnesium und Phosphor. Dazu noch an essenziellen Aminosäuren, sekundären Pflanzenstoffen und Vitamine des B- und E-Komplexes. In diesen Rezepten wird Tofu verwendet: Chili sin Carne (Seite 156), Wok-Gemüse mit Tofu (Seite 122), Chili Cheese Fries (Seite 185), Grobe vegane Leberwurst (Seite 171) und Süßkartoffel-Erdnuss-Suppe« (Seite 131).

TEMPEH

Tempeh wird ebenfalls aus Sojabohnen hergestellt, doch der Herstellungsprozess ist ein anderer als bei Tofu. Tempeh hat eine feste Konsistenz und

VERARBEITUNGS-GRAD

Um den idealen Ersatz zu kreieren, werden die eigentlich natürlichen Lebensmittel häufig stark verarbeitet. So ist zum Beispiel Tempeh ein relativ pures Sojaprodukt, hingegen sind fertige Sojaschnitzel mit zahlreichen Zusatzstoffen angereichert, damit Konsistenz und Geschmack stimmen.

Grob kannst du dir merken: Je weniger man das Lebensmittel erkennen kann und je mehr Zutaten auf der Liste stehen, desto höher ist der Verarbeitungsgrad.

eignet sich sehr gut für asiatische Gerichte und zum Anbraten. Da er eher geschmacksneutral ist, kannst du ihn marinieren und anschließend anbraten oder anrösten. Tempeh ist auch ein toller Eisenlieferant. 100 Gramm liefern 5 Milligramm Eisen, womit du bereits bis zu 40 Prozent deines empfohlenen Tagesbedarfs decken kannst. Probiere mal die Bunten Tempeh-Spieße (Seite 182).

SEITAN

Seitan besteht aus Weizeneiweiß, also Gluten. Es ist sehr simpel herzustellen, weshalb es in vielen asiatischen Ländern als pflanzliche Eiweißquelle und Fleischersatz eingesetzt wird. Die Basis für Seitan ist Weizenmehl, aus dem die Stärke und

Nährwerte je 100 Gramm					
	Kilokalorien	Eiweiß	Fett	Kohlenhydrate	Ballaststoffe
Erbsenprotein, isoliert	406	79 g	6,9 g	3,7 g	4,7 g
Jackfrucht, unreif	80	1,1 g	0,5 g	15,3 g	4,2 g
Seitan	148	28 g	2 g	2,5 g	0,2 g
Tempeh	147	18 g	7 g	5,6 g	2 g
Tofu	144	15,7 g	8,7 g	0,6 g	0,6 g

Kleie gewaschen wird, bis nur noch das Kleber-eiweiß (Gluten) übrig bleibt. Anschließend wird es zu einer zähen und klebrigen Masse zusammen mit Sojasauce, Kombualgen und Ingwer gekocht. Seitan liefert viel Eiweiß, enthält allerdings nur sehr wenige Nährstoffe.

ERBSENPROTEIN

Neben den längst bekannten Fleischersatzproduk-ten auf Soja- und Weizenbasis gelangen seit zwei Jahren immer mehr Produkte auf Erbsenbasis auf den Markt. Kein Wunder, denn Erbsen sind pro-teinreich und von Natur aus arm an Allergenen. Außerdem liefern sie Eisen, B-Vitamine, Beta-Ca-rotin, Magnesium, Kalzium und Zink.
Für die Herstellung von Fleischersatz werden die Erbsen aus der Schote gelöst, gemahlen und von Stärke sowie Ballaststoffen befreit, bis das Erbsen-protein übrig bleibt. Durch ein spezielles Kochver-fahren wird die Faserstruktur erzeugt, die der von Fleisch erstaunlich ähnelt. Du kannst es in Form von »Geschnetzeltem« kaufen, in heißer Gemüse-brühe einweichen, die Flüssigkeit abschütten und es kochen oder anbraten. Je nach Gericht kannst du die Gewürze variieren und hast so eine große Bandbreite an Verwendungsmöglichkeiten.

UNVERTRÄGLICHKEIT ODER ALLERGIE

Bei einer Allergie reagiert das Immunsystem auf einen Fremdstoff und bildet Antikörper dagegen. Bei einer Unverträglichkeit (Intoleranz) kann der Körper bestimmte Bestandteile der Nahrung nicht abbauen oder aufnehmen, etwa weil ihm die dafür notwendigen Enzyme fehlen. Dadurch kommt es zu Verdauungsproblemen wie Durch-fall, Bauchschmerzen und Blähungen.
Allergien sind deutlich seltener als Unverträg-lichkeiten.

UNVERTRÄGLICHKEITEN UND ALLERGIEN

So wie Allesesser müssen auch Veganer bei der Auswahl ihrer Lebensmittel auf Unverträglichkeiten oder Allergien achten. Wenn du zum Beispiel kein Soja verträgst, kommt Tofu oder Tempeh für dich natürlich nicht infrage.
Soja, Weizen und Nüsse stehen ganz weit oben auf der Liste der Produkte, die Allergien oder Unver-träglichkeiten auslösen – genau diese bilden oft die Grundlage von veganen Ersatzprodukten.

Tofu kannst du nach Belieben würzen oder marinieren, es gibt ihn auch geräuchert zu kaufen.

SOJA

Soja befindet sich nicht nur in Tofu oder Tempeh, sondern auch in vielen weiteren Lebensmitteln, darunter:

- Würzmittel (z. B. Worcestershire-Sauce, Mayonnaise)
- natürliche und künstliche Aromen
- Gemüsebrühe
- viele asiatische Lebensmittel
- Schokolade

Symptome einer Sojaallergie sind Bauchschmerzen, Durchfall, Übelkeit und Erbrechen, Atemprobleme, Hautreaktionen wie Nesselsucht und Hautausschläge, Schwellungen, Schmerzen bis hin zum allergischen Schock.

Sojalecithin

Sojalecithin ist ein Lebensmittelzusatzstoff, der als natürlicher Emulgator eingesetzt wird. Lecithin hilft, die Zuckerkristallisation in Schokolade zu kontrollieren, verbessert die Haltbarkeit einiger Produkte und reduziert Spritzer beim Braten bestimmter Lebensmittel. Die meisten Menschen, die auf Soja allergisch reagieren, können Sojalecithin laut der University of Nebraska Food Allergy Research vertragen. Denn es enthält typischerweise nicht genug von dem Sojaprotein, das für allergische Reaktion verantwortlich ist.

Sojamilch

Es wird geschätzt, dass etwa 15 Prozent der Säuglinge, die gegen Kuhmilch allergisch sind, auch gegen Soja allergisch sind. Ist das der Fall, muss eine hypoallergene Milchnahrung verwendet werden.

Sojasauce

Neben Soja enthält die typische Sojasauce auch Weizen. Daher kann es schwierig sein herauszufinden, ob der Grund für eine allergische Reaktion Soja oder Weizen ist. Das kann durch einen Allergietest geklärt werden.

Sojaöl

Sojaöl enthält in der Regel keine Sojaproteine und ist im Allgemeinen für Menschen mit Sojaallergie unbedenklich.

WEIZEN (GLUTEN)

Gluten ist ein Getreideeiweiß bzw. Klebereiweiß, das in Weizen, Roggen, Gerste, Hafer, Dinkel, Grünkern und Emmer vorkommt.
Bei der Autoimmunkrankheit Zöliakie bildet der Körper Antikörper gegen das Gluten, was zu Bauchschmerzen, Durchfall oder Blähungen führen kann. Betroffene müssen Gluten strikt meiden.
Die Weizenallergie ist keine Autoimmunerkrankung, sondern eine allergische Reaktion auf Bestandteile des Weizens. Dabei können neben Gluten auch andere Proteine, beispielsweise Albumin und Globulin, Auslöser für die Beschwerden sein. Mögliche Symptome sind juckende Haut, Ekzeme, Bauchschmerzen oder Durchfall.
Eine weitere Unverträglichkeit ist die Nicht-Zöliakie-Nicht-Weizenallergie-Weizensensitivität. Bei ihr handelt es sich weder um eine Allergie noch eine Autoimmunerkrankung. Die Erkrankung äußert sich in Darmbeschwerden nach dem Verzehr glutenhaltiger Speisen und tritt besonders häufig in Verbindung mit dem Reizdarmsyndrom auf.

NÜSSE

Eine Nussallergie bezeichnet die Allergie gegen Nussfrüchte, die an Bäumen wachsen, aber auch nussähnliche Samen oder Kerne von Stein- und Kapselfrüchten. Daher ist die Bandbreite an Auslösern groß: Die häufigsten sind Haselnüsse, Mandeln, Walnüsse, Cashewnüsse, Paranüsse, Pekannüsse und Pistazien. Jede Nussart verfügt über ihre eigenen, typischen Eiweiße.
Nüsse sind in sehr vielen Lebensmitteln enthalten wie Brot, Kuchen, Eiscreme, Keksen, Müslis, Süßigkeiten oder Gebäck. Daher ist es oft gar nicht so einfach, komplett darauf zu verzichten. Umso wichtiger ist es, auf ganze Lebensmittel zu setzen und verarbeitete Fertigprodukte zu meiden.

VEGANE ERSATZPRODUKTE

Vegane Produkte, die wie Fleisch, Wurst oder Käse aussehen und schmecken, gibt es inzwischen in jedem Supermarkt. Denn wenn Veganer aus Gründen des Tierwohls und der Umwelt tierische Produkte von ihrem Speiseplan streichen, heißt das nicht, dass sie auch auf den jeweiligen Geschmack verzichten wollen. Wie sind diese Produkte einzuordnen?

DIE ZUTATENLISTE

Die Zutatenliste von Lebensmitteln ist teilweise ellenlang. Kann das noch gesund sein? Fragen wir uns zuerst, warum die Zutatenliste so lang ist. Die Antwort lautet: weil wir diese Lebensmittel selbst zusammenbauen. Wir nehmen viele Einzelteile und müssen all diese als Zutaten auflisten. Lebensmittel, die »ab Werk« sind, wie sie sind, müssen keine

DIE MENGE MACHT'S

Vegane Ersatzprodukte mit einer langen Liste an Zusatzstoffen sind nicht gesund, schon gar nicht im Vergleich zu natürlichen Produkten. Doch hin und wieder ein veganes Schnitzel oder eine vegane Wurst zu essen ist keineswegs verwerflich. Insbesondere am Anfang kann es die Umstellung auf vegane Ernährung leichter machen.

Zutatenliste tragen, also Fleisch oder Gemüse. Wir entfernen uns in vielen Bereichen immer weiter vom Ursprung unserer Lebensmittel. Wir verändern munter drauflos, im Namen von Genuss, Geld und Nahrhaftigkeit. Das gilt für Produkte aus allen Bereichen, ob Fake-Fleisch oder Pflanzendrinks, Wurstwaren oder panierte Gemüsestäbchen.

Das Sonderbare an Ersatzprodukten ist nicht, dass sie unnatürlich sind. Sie sind einfach neu und wir hatten noch keine Zeit, uns an sie zu gewöhnen.

SIND VEGANE ERSATZPRODUKTE UNGESUND?

Was gesund ist und was nicht, hängt in vielen Fällen von der Betrachtungsweise ab. Für mich sind Nüsse und Samen Teil einer gesunden Ernährung. Jemand mit Nussallergie würde mir widersprechen. Massai finden frisches Blut lecker und gesund. Hierzulande ist das höchstens für Carnivoren nachvollziehbar.

In den letzten Jahrzehnten gab es immer wieder neue Ernährungsrichtlinien. Laufend wird neu definiert, was gesunde Ernährung ist. Und sucht man außerhalb der eigenen Blase, wird klar: Es gibt keinen Konsens.

Das Maß ist wichtig

Ernährungswissenschaftler, Mediziner und sonstige Ernährungsfachkräfte sind sich darüber einig, dass die meisten Ersatzprodukte nicht besonders gesund sind. Aber wie relevant ist das überhaupt? Wie so oft spielen mehrere Aspekte eine Rolle.

- Wie oft isst man Ersatzprodukte?
- Womit isst man die Ersatzprodukte?
- Zu welchen Anteilen besteht eine Mahlzeit aus Ersatzprodukten und aus natürlichen Produkten?

Ein veganer Sonntagsbraten mit Rotkohl und Ofenkartoffeln ist nicht ungesund. Vor allem dann nicht, wenn man dafür unter der Woche keine Discounter-Wurst isst und mehr Obst und Gemüse. Bei der Bewertung von Lebensmitteln kommt es also auf den Kontext an, in dem sie gegessen werden. Die Gesamtheit aller Mahlzeiten zählt mehr als eine einzelne Zutat.

NÄHRSTOFFE

Fleisch steht in der Menschheitsgeschichte vor allem für eins: hochwertiges Eiweiß. Proteine wiederum brauchen wir für unsere Muskeln, für das Immunsystem und vieles mehr. Wie schneidet Fleischersatz also im Vergleich zu Fleisch hinsichtlich Eiweiß und anderer Nährstoffe ab? Als Beispiel nehmen wir den »Beyond Meat Burger« und einen Burger aus Rindfleisch.

Beyond Meat Burger	Burger (Rind)
269 kcal	293 kcal
18 g Eiweiß	23 g Eiweiß
18 g Fett	22 g Fett
4 g Kohlenhydrate	0 g Kohlenhydrate

Wenn du dir die Werte anschaust, wirst du keine allzu großen Unterschiede feststellen. Der vegane Burger enthält etwas weniger Eiweiß, aber auch weniger Fett und Kalorien als der klassische Burger aus Rindfleisch. Beide Varianten liefern insgesamt ordentlich Eiweiß, leider liegen bisher keine Analysen bezüglich des Aminosäureprofils des »Beyond Meat Burgers« vor. Es ist nur die Rede von einem »kompletten Eiweiß«, der Burger enthält demnach alle essenziellen Aminosäuren. Was beim Rindfleischburger dazu kommt: mehr gesättigte Fettsäuren und keine Ballaststoffe.

Vegane Ersatzprodukte sind hin und wieder völlig in Ordnung.

VORRÄTE IN DER VEGANEN KÜCHE

Für jede Ernährungsform gilt: Ist der Vorratsschrank gut und mit Bedacht gefüllt, bist du jederzeit in der Lage, etwas Leckeres und Gesundes zu zaubern, und auch für spontane Koch- und Backaktionen gerüstet. Ein paar bestimmte Grundzutaten, dazu noch frische Lebensmittel und du bist bestens versorgt.

VEGAN KOCHEN

Die folgenden Produkte sind im Vorratsschrank oder im Kühlschrank lange haltbar. Viele davon sind auch Bestandteil einer Mischkost und du hast sie möglicherweise schon im Vorrat.

Getreide

Getreide jeder Art dient als Beilage oder fürs Müsli. Wenn du Gluten meiden musst, achte darauf, nur glutenfreies Getreide zu kaufen (z. B. Buchweizen, Reis, Hirse).
Bei mir zu Hause findet man immer Nudeln, Reis, Haferflocken und Hirse. Bei Nudeln und Reis achte ich darauf, dass es überwiegend Vollkornprodukte sind. Allerdings schmeckt zu manchen Gerichten meiner Meinung nach weißer Reis am besten. Bei Flocken variiere ich zwischen Hafer und Dinkel. Haferflocken sind nahezu glutenfrei, da Verunreinigungen möglich sind, sind sie jedoch nicht als solche gekennzeichnet. Generell ist Hafer aber glutenarm und gut verträglich. Glutenfreie Alternativen für Müsli sind Hirse-, Quinoa- oder Reisflocken.

Pseudogetreide

Quinoa, Hirse und Amarant zählen zum Pseudogetreide. Diese drei Sorten haben einen relativ hohen Eiweißgehalt und sind super geeignet für die vegane Ernährung, nicht nur für Menschen, die kein Gluten vertragen. Mein persönlicher Favorit ist Quinoa. Es gibt sie in verschiedenen Farben (»bunt« oder weiß) und sie ist vielseitig einsetzbar. Wie Hirse und Amarant schmeckt sie sowohl in herzhaften als auch in süßen Speisen.

Kartoffeln

Am besten hast du immer vorwiegend festkochende Kartoffeln zu Hause, sie sind für alle Zubereitungsarten geeignet, ob Kartoffelsalat, Gratin, Salzkartoffeln, Kartoffelpüree oder Suppe. Achte darauf, die Kartoffeln dunkel und kühl zu lagern, zum Beispiel in einem Gemüsebeutel. Sobald die Kartoffeln viele Keime haben, solltest du sie nicht mehr essen. Die Nachtschattengewächse können dann giftig werden.

Hülsenfrüchte

Meine Favoriten sind Berglinsen, rote Linsen, Kidneybohnen und Kichererbsen. Der größte Vorteil von roten Linsen ist, dass sie im Durchschnitt nicht mehr als 10 Minuten Kochzeit benötigen und somit schnell zubereitet sind. Getrocknete Berglinsen, Kidneybohnen und Kichererbsen müssen eingeweicht werden und brauchen etwas länger, bis sie gar sind. Mein Tipp: Du kannst sie auf Vorrat kochen und im Kühlschrank lagern.

Tomatenmark und Tomaten

Gerade im Winter, wenn die Tomaten aus dem Supermarkt nur nach Wasser schmecken, habe ich immer passierte bzw. stückige Tomaten und Tomatenmark im Schrank. Damit hast du immer eine Basis für ein leckeres Gemüsegericht oder eine feine Sauce.
Mein Tipp: Wenn du Zwiebeln und Knoblauch anbrätst, gib ein bisschen Tomatenmark dazu und brate es kurz mit. Das gibt noch mal ein besonders leckeres Aroma und schmeckt nicht nur in einer Tomatensauce (Seite 91) richtig gut.

Knoblauch

Wenn du Knoblauch magst, hast du ihn wahrscheinlich sowieso zu Hause liegen. Zusätzlich zur frischen Variante mag ich Knoblauchpulver sehr gerne. Gerade in Dips oder Bratlingen macht sich das Granulat hervorragend und gibt dem Gericht einen richtig schönen herzhaften Charakter.

Zwiebeln

Zwiebeln schneiden ist nicht so cool. Wenn du sehr empfindlich reagierst, empfehle ich dir, eine größere Menge zu hacken und dann in kleinen Portionen einzufrieren. Vor dem Verwenden etwa 10 Minuten auftauen lassen.

Ingwer

Ob als Tee oder Gewürz – Ingwer ist gesund, lecker und unterstützt vor allem die Verdauung. Wahrscheinlich gibt es extrem wenige original asiatische Gerichte, in denen kein Ingwer verwendet wird. Gerade wenn man viele Hülsenfrüchte kocht, hilft die gelbe Knolle enorm bei der Verdauung. Solltest du den Geschmack nicht so mögen, empfehle ich dir, eine feine Reibe zu benutzen oder den Ingwer kurz anzubraten.

Hülsenfrüchte und Nüsse sind lange haltbar. Obst und Gemüse kaufst du frisch.

Gewürze und Kräuter

Falls du bei mir zu Besuch wärst, würdest du zu 99 Prozent folgende Gewürze finden: Knoblauchpulver, Kurkuma, Chili, Curry-Mischung, Kreuzkümmel (Cumin), italienischer Kräutermix, Salz, Pfeffer, süßes Paprikapulver und Ceylon-Zimt. Es gibt natürlich noch unzählige weitere, aber diese verwende ich am häufigsten. Mit einer solchen Palette kannst du eine riesige Vielfalt an Geschmacksnuancen zaubern, die dich und deinen Besuch beeindrucken werden. Natürlich sind frische Kräuter ebenfalls ein wunderbares Würzmittel. Rosmarin ist sehr wetterbeständig und auch generell so ziemlich unzerstörbar. Basilikum und Minze sind eher empfindlich.

Senf

Am liebsten verwende ich eine mittelscharfe, feine Sorte (nicht körnig). Dieser Senf ist nicht nur für Salatdressings und Brotaufstriche super geeignet. Ganz nach Geschmack ist auch scharfer Dijon-Senf als Abwechslung lecker.

Cashewkerne

Cashewkerne eignen sich sehr gut für cremige Saucen und sind dort ziemlich geschmacksneutral. Wenn du sie ca. 2 Stunden einweichst, kannst du sie noch besser pürieren.

Mit frischen Kräutern kannst du schlichte Gerichte aufpeppen.

Gemüsebrühe

Gemüsebrühe ist sehr vielseitig einsetzbar. Wenn ich etwas mehr Geschmack möchte, koche ich zum Beispiel Kartoffeln in etwas Gemüsebrühe. So kann man sie sogar sehr gut pur essen. In manchen Rezepten findet sie Verwendung, vor allem bei der veganen Käsesauce (Seite 115) darf sie nicht fehlen.

Zitronensaft

Zitronensaft ist super im Salatdressing, im Dip, um Obst frisch halten oder um damit zu backen. Wenn du geschnittene Bananen oder Äpfel sofort mit Zitronensaft beträufelst, werden sie nicht braun.

Essig

Falls du mal gerade keine Zitronen im Haus hast, kannst du auch etwas Essig verwenden. Es ist natürlich nicht das Gleiche, aber gerade bei herzhaften Speisen ein relativ guter Ersatz. Ich habe immer Weißweinessig, Aceto balsamico und Apfelessig zu Hause. Allerdings ist er im Vergleich zu Zitronensaft eher sparsam zu dosieren.

Hefeflocken

Hefeflocken sind ein guter Ersatz für Parmesan. Ganz nebenbei sind sie sehr wertvoll und liefern viel Vitamin B1, aber auch Vitamin B2, B5, B6, Folsäure, Phosphor und Zink. Du kannst die Hefeflocken entweder wie Parmesan über dein Essen streuen oder sie in Saucen, zum Beispiel in veganer Käsesauce (Seite 115) verwenden. Übrigens sind Hefeflocken auch für Menschen geeignet, die keine aktiven Hefen vertragen.

Erhitzbares Öl

Wenn du Öl zum Kochen und Braten verwendest, achte unbedingt darauf, dass man es stark erhitzen kann. Eine gute Wahl ist Kokosöl, Rapsöl, raffiniertes (nicht kalt gepresstes) Erdnussöl oder Bratöl.

Tiefgekühltes Obst und Gemüse

Gerade grünes Blattgemüse verliert bei der Lagerung schnell seine Vitamine. Daher ist es nicht nur praktisch, sondern auch gesund, TK-Gemüse zu verwenden. Das gilt für Spinat, Brokkoli, aber auch andere Gemüsesorten. Auch Beerenfrüchte habe ich im Tiefkühlfach immer vorrätig. Da sie direkt nach der Ernte tiefgefroren werden, sind sie oft frischer als die herkömmliche Frischware, die mitunter tagelang transportiert und gelagert wird, bis sie im Verkaufsregal landet.

VEGAN BACKEN

Beim Backen funktioniert es nicht ganz so gut wie beim Kochen, herkömmliche Zutaten einfach durch vegane zu ersetzen. Es besteht die Gefahr, dass die Konsistenz einfach nicht so schön ist. Doch mit ein paar Tricks und den richtigen Produkten kannst du fluffige Muffins und feine Kuchen zaubern.

Mehl

Für süße Kuchen eignet sich am besten Weizenmehl Type 450 und Dinkelmehl Type 630. Wenn du eher herzhafte Rezepte machst, empfehle ich ein Vollkornmehl, zum Beispiel aus Weizen oder Dinkel. Falls du kein Gluten verträgst, eignet sich auch Buchweizen- und Mandelmehl sehr gut zum Backen.

Pflanzendrink

Hier gibt es eine riesige Auswahl, die als Ersatz für Milch geeignet sind. Ich verwende zum Backen meistens Soja-, Hafer- oder Mandeldrink. Pflanzendrinks werden gesüßt oder ungesüßt angeboten, sodass du je nach Rezept und Vorliebe frei wählen kannst. Ich habe festgestellt, dass man mit Reisdrink nicht gut backen kann.

Pflanzendrinks gibt es in großer Auswahl. Probiere aus, was dir schmeckt.

Backpulver

Backpulver kann man immer mal gebrauchen. Ich verwende Reinweinstein-Backpulver, welches im Gegensatz zu dem »normalen« Backpulver auf natürliche Weise bei der Weinherstellung entsteht.

SELBST GEMACHTES APFELMARK

500 g Äpfel waschen, schälen und das Kerngehäuse entfernen. Die Äpfel in Stücke schneiden und in 50 ml Wasser in ca. 10 Minuten weich kochen. Pürieren, kurz abkühlen lassen und sofort verwenden oder in Twist-off-Gläser füllen.

Apfelmark

Apfelmark nutze ich als Öl- und/oder Ei-Ersatz, was bei vielen Rezepten super funktioniert. Im Unterschied zu Apfelmus ist Apfelmark ungesüßt. Du kannst es im Glas kaufen und in den Vorratsschrank stellen, es lässt sich aber auch schnell und unkompliziert selbst zubereiten und sofort verbrauchen.

Kakaopulver

Ich verwende nur pures Kakaopulver ohne Zusätze. Der Vorteil ist, dass du hier die Süße selbst regulieren und unliebsame oder unnötige Zutaten fernhalten kannst.

Leinsamen und Chiasamen

Geschrotete und eingeweichte Leinsamen sind ein super Ei-Ersatz: Einfach zwei Stunden in Wasser quellen lassen, sodass eine klebrige Masse entsteht. Mit Chiasamen funktioniert das ebenfalls sehr gut. Sie werden auch eingeweicht, müssen jedoch nicht geschrotet werden.

Trockenhefe

Im Vergleich zur frischen Hefe hält sich Trockenhefe viel länger. Wenn du für deinen Hefekuchen einkaufen gehst, rate ich dir, frische Hefe zu kaufen. Aber für spontane Backaktionen ist es immer gut, Trockenhefe im Schrank zu haben. Ein Päckchen Trockenhefe ersetzt einen Würfel frische Hefe.

GUT ZU WISSEN

Nussmus ist nicht mit Nusscreme zu verwechseln. Das Mus besteht ausschließlich aus gemahlenen Nüssen, die oft vorher geröstet wurden. Nusscremes hingegen beinhalten zusätzlich Zucker, Salz und andere Zutaten und sind entsprechend süß.

Nussmus

Ich verwende am liebsten Mandel- und Erdnussmus. Es gibt aber viele weitere Sorten, zum Beispiel Cashew-, Haselnuss-, Sesam- oder Pekannussmus. Nussmuse sind als Fettquelle raffiniertem Öl vorzuziehen und können dem Endprodukt einen angenehm nussigen Geschmack verleihen.

Zucker und Zuckeralternativen

In meiner Küche stehen neben normalem Haushaltszucker auch Xylit und Erythrit. Xylit, auch Birkenzucker oder Xylitol genannt, ist eine gesündere Alternative zu weißem Industriezucker. Zudem verursacht Xylit kein Karies. Allerdings kann ein zu hoher Konsum sowohl von Xylit als auch Erythrit abführend wirken.
Andere Süßungsalternativen sind Stevia, Kokosblütenzucker oder -sirup, Datteln, Reissüße, Agavendicksaft oder Ahornsirup. Probiere aus, was dir schmeckt und was zu welchem Rezept passt. Beachte dabei auch die mitunter stark unterschiedliche Süßkraft.

NÜTZLICHE KÜCHENHILFEN

Ich brauche keine riesige Küchenmaschine und keine großen Geräte. Doch es gibt ein paar nützliche Helferlein, die ich in meiner Küche nicht mehr missen möchte.

Handrührgerät

Dein Handrührgerät sollte sowohl Knethaken als auch Rührbesen haben. Natürlich kann man vieles auch mit einem einfachen Schneebesen machen, aber mit einem elektrischen Gerät geht es einfach schneller und leichter. Ein Handrührgerät braucht nicht viel Platz und ist schnell einsatzbereit. Je nach Gerät gibt es auch weitere Aufsatzteile, wie zum Beispiel einen Pürierstab.

Standmixer

Es gibt günstige Mixer für 20 Euro, aber auch Hochleistungsmixer für bis zu 1000 Euro. Ich selbst habe einen kleinen Mixer für Dressings, Smoothies oder Ähnliches und einen günstigen Hochleistungsmixer für Suppen, Mus oder vegane Käsesauce. Ein Standmixer ist kein Muss, aber damit eröffnen sich viele neue Möglichkeiten.
Wenn du keinen Standmixer besitzt und dir auch erst einmal keinen anschaffen möchtest, kannst du dir vielleicht für das 4-Wochen-Programm, das in diesem Buch beschrieben wird, einen von Freunden oder von der Familie ausleihen. So kannst du ausprobieren, ob oder wie oft du ihn tatsächlich benutzen würdest.

Pürierstab

Ein Stabmixer ist eine Alternative zu einem Standmixer. Damit lassen sich sehr gut Gerichte pürieren. Für Käsealternativen oder Nussmus reicht die Leistung aber meist nicht aus.

Allzweckreibe

Ob du eine Reibe mit auswechselbaren Einschüben oder eine Vierkantreibe hast, ist nicht so wichtig. Sinnvoll ist es allerdings, verschiedene Größen zur Verfügung zu haben, damit du zum Beispiel Ingwer ganz fein, aber auch Kartoffeln für Kartoffelrösti etwas grober reiben kannst.

ZEIT UND GELD SPAREN

Selbst frisch zu kochen braucht mitunter Zeit und möglicherweise hast du den Eindruck, dass einige der Zutaten, die du für die vegane Küche brauchst, recht teuer sind. In diesem Kapitel gebe ich dir Tipps, wie du Zeit sparen und günstig einkaufen kannst.

ZEIT SPAREN

Um Zeit bei der Zubereitung von frischen, leckeren Speisen zu sparen, gibt es ein einfaches Grundprinzip: gute Planung.

Grundnahrungsmittel vorkochen

Das Tolle an Reis, Kartoffeln, Nudeln und Bohnen ist, dass man diese Lebensmittel wunderbar in großen Portionen für mehrere Tage vorkochen kann. Dann kannst du sie im Kühlschrank aufbewahren und portionsweise wieder aufwärmen. Klingt einfach und das ist es auch. Wenn du zum Beispiel das Jackfrucht-Curry (Seite 151) kochst, verdoppelst du die Reismenge und hast am nächsten Tag schon die Beilage für Chili sin Carne (Seite 156). Mit Bohnen, Kartoffeln, Nudeln und anderen Lebensmitteln kannst du ebenso verfahren. Zum Beispiel:
- Bohnen mit Gemüse im Ofen backen oder zu Bohnenmus als Aufstrich mixen
- Kartoffeln zu Kartoffelsalat oder Bratkartoffeln verarbeiten
- Nudeln aufwärmen und mit Pesto essen oder einen Nudelsalat zubereiten

Suppen und Eintöpfe vorkochen

Schon Oma wusste, dass Eintöpfe und Suppen noch besser schmecken, wenn sie am nächsten oder übernächsten Tag wieder aufgewärmt werden. Das gilt nicht nur für traditionelle Hausmannskost, sondern auch für unsere veganen Gerichte. Chili sin Carne (Seite 156), Klassische Minestrone (Seite 104), Indisches Chana-Masala (Seite 105) und Hirse an Ratatouille (Seite 106) sind nur einige Beispiele. Koche die doppelte Menge und freue dich am nächsten Tag über ein schnelles, leckeres Essen.

Fertige Gerichte einfrieren

Wenn du für mehrere Tage vorkochen möchtest, ist es sinnvoll, die Gerichte portionsweise einzufrieren und bei Bedarf aufzutauen. So halten sie länger als im Kühlschrank und du hast immer etwas im Haus, wenn es mal schnell gehen muss.

GESCHICKT EINFRIEREN

Saucen lassen sich ideal in Eiswürfelbehältern einfrieren. So hast du kleine Mengen, die erstens schneller auftauen und zweitens optimal portioniert werden können.
Für Gerichte empfehle ich dir statt Gefrierbeutel dafür vorgesehene Gefrierdosen, die du immer wieder verwenden kannst.

Tiefkühlgemüse und -obst verwenden

Gefrorenes Gemüse und Obst ohne Zusätze wie Zucker oder Öl eignet sich hervorragend für die zeitsparende, gesunde Küche. Außerdem ist die tiefgekühlte Ware meist sogar frischer als Obst und Gemüse aus dem Supermarkt, das tagelang gelagert wird. Es ist gewaschen, geputzt, in mundgerechte Stücke geschnitten und muss nur noch in die Schüssel, den Topf oder in die Pfanne gegeben werden – besser und schneller geht's nicht.

GELD SPAREN

Grundlage der veganen Ernährung sind Hülsenfrüchte, Getreide, Kartoffeln und Gemüse. Spezielle – und oft teure – Zutaten brauchst du nur in geringen Mengen.

Praktisch, gesund und farbenfroh: Tiefkühlgemüse.

Grundnahrungsmittel

Für mich sind Grundnahrungsmittel unter anderem Reis, Kartoffeln, Linsen, Bohnen, Gemüse und Obst. Diese Nahrungsmittel bilden die Basis unserer Ernährung und sind wirklich sehr günstig. Nüsse und Samen sind je nach Sorte etwas teurer, doch die konsumierten Mengen sind vergleichsweise gering. Zwar scheint eine Packung Chiasamen auf den ersten Blick teuer, du brauchst davon aber nicht so viel.

Wochenmarkt

Märkte sind in nahezu jeder Region Deutschlands zu finden. Dort triffst du auf verschiedenste Anbieter, von Biobauern über Brotstände bis hin zu reinen Kartoffelbauern. Besonders kurz bevor die Stände abgebaut werden, kannst du echte Schnäppchen machen. Außerdem unterstützt du die lokalen Betriebe und Erzeuger und kaufst fast automatisch saisonal. Der Saisonkalender auf der rechten Seite gibt dir einen Überblick darüber, wann du welche Produkte günstig auf dem Markt oder auch im Hofladen direkt beim Bauern einkaufen kannst.

Große Portionen

Häufig sind größere Packungen günstiger, so gibt es Reis oder andere Getreide zum Beispiel in asiatischen oder türkischen Supermärkten in günstigen Großpackungen. So sparst du Geld und Zeit. Auch im Internet kannst du verschiedene Produkte günstig in Großpackungen erwerben. Eine Adresse findest du auf Seite 186.

Sonderangebote

Neben den Sonderangeboten im Prospekt bieten Supermärkte und Biomärkte zum Beginn oder am Ende der Woche frische Waren stark reduziert an, da sie schon reif sind und nicht mehr zum Normalpreis verkauft werden können.

Kaufe saisonal

Das Angebot bestimmt die Nachfrage und den Preis. So ist auch Obst und Gemüse deutlich günstiger, wenn die jeweiligen Sorten gerade Saison haben und das Angebot groß ist.

SAISONKALENDER

Gemüse	
Auberginen	Juli–Oktober
Blumenkohl	Mai–Oktober
Bohnen, grün	Juli–Oktober
Brokkoli	Juni–Oktober
Champignons	ganzjährig
Grünkohl	Oktober–Januar
Gurken	Juni–Oktober
Hokkaido	August–Oktober
Kartoffeln	Juni–Oktober
Lauch	ganzjährig
Mais	Juli–Oktober
Möhren	Juli–November
Paprika	Juni–Oktober
Spargel	März–Mai
Tomaten	Juli–Oktober
Zucchini	Juli–Oktober
Obst	
Äpfel	August–November
Aprikosen	Juli–August
BIrnen	August–Oktober
Blaubeeren	Juni–September
Brombeeren	Juli–September
Erdbeeren	Mai–Juli
Heidelbeeren	Juni–September
Kirschen	Juni–August
Pfirsiche	Juli–September
Rhabarber	April–Juni
Weintrauben	September–Oktober
Zwetschgen	Juni–September

LEBENSMITTEL GANZ EINFACH ERSETZEN

Beim Kochen und Backen lassen sich viele Lebensmittel problemlos durch pflanzliche Alternativen ersetzen. Du musst weder auf Geschmack noch auf Cremigkeit und Fluffigkeit verzichten.

Eier beim Backen

Beim Backen haben Eier die Funktion, den Teig zu binden. Gute Alternativen sind Ei-Ersatzpulver, Aquafaba, Apfelmark (Seite 65), Sojamehl, Kichererbsenmehl, geschrotete Leinsamen, Chiasamen, Banane und Tapiokastärke.

Öl und Butter beim Backen

Butter lässt sich ganz einfach durch Apfelmark (Seite 65), Banane oder Avocado ersetzen.

Weißmehl

Zwar ist Weißmehl vegan, doch enthält es kaum Nährstoffe. Verwende daher auch Vollkornmehl (Type 1050), Dinkelmehl, Kokosmehl, Buchweizenmehl, Reismehl oder Hirsemehl.

Raffinierter Zucker

Stevia, Xylit, Erythrit, Ahornsirup und Kokosblütenzucker sind gute Alternativen für raffinierten Zucker.

Buttermilch

Mische Pflanzendrink und Pflanzenjoghurt zu gleichen Teilen und gib 1 Spritzer Zitronensaft dazu. Das ergibt eine leckere vegane Buttermilch.

Gelatine

Agar-Agar und Guarkernmehl sind ein perfekter Ersatz für Gelatine.

Milch

Es gibt ein großes Angebot an Pflanzendrinks aus Soja, Hafer, Reis, Dinkel, Haselnuss, Kokos, Mandel, Hanf, Erbse und Cashew. Wähle nach deinem Geschmack aus.

Quark

Lasse Seidentofu oder Sojaghurt über Nacht in einem mit einem sauberen Geschirrtuch ausgelegten Sieb abtropfen. Das Ergebnis kannst du wie Quark verwenden.

Saure Sahne

Pflanzenjoghurt und Pflanzensahne zu gleichen Teilen gemischt, dazu 1 Spritzer Zitronensaft, hat die Konsistenz und schmeckt wie saure Sahne.

Schlagsahne

Reissahne oder Kokossahne lässt sich gut steif schlagen. Notfalls hilft dir Sahnesteif, das es ebenfalls in veganer Form zu kaufen gibt.

Kochsahne

Als Kochsahne sind Hafercuisine und Reiscuisine sehr gut geeignet.

Veganer Eischnee – Aquafaba – ist schnell und einfach herzustellen.

Mandeldrink

125 g Mandeln
½ TL Vanilleextrakt
1 Prise Salz

Die Mandeln mit Wasser übergießen, bis sie komplett bedeckt sind. Mindestens 4 Stunden einweichen lassen. Das Einweichwasser abgießen.
Die Mandeln mit 1 Liter frischem Wasser, Vanilleextrakt und Salz in einen Mixer geben und alles zu einer cremigen Milch pürieren. Nun den Mandeldrink durch einen Nussmilchbeutel (oder ein Geschirrtuch) abseihen. Dabei den Beutel gut auspressen, um die überschüssige Flüssigkeit zu entfernen.
Den fertigen Mandeldrink in ein fest verschließbares Gefäß füllen. Sie hält sich etwa 4 Tage im Kühlschrank.

Tipp: Das Mandelmus, das nach dem Auspressen zurückbleibt, kannst du zum Backen oder für Süßspeisen verwenden.

Aquafaba

100 ml Kichererbsenwasser
½ TL Backpulver
1 Prise Salz
½ TL Johannisbrotkernmehl

Du kannst das Kochwasser von selbst gegarten Kichererbsen verwenden oder das Wasser von Kichererbsen aus der Dose. Die Kichererbsen in ein Sieb abgießen und die Flüssigkeit auffangen. 100 Milliliter mit Backpulver, Salz und Johannisbrotkernmehl mit einem Handmixer aufschlagen. Fertig ist der Eischnee-Ersatz.

VEGAN UNTERWEGS

Vegan auf Reisen – geht das? Und wie! Die Zeiten von fleischlastigen All-you-can-eat-Buffets und erzwungenem Fasten auf Flugreisen sind vorbei. Auch im Restaurant gibt es inzwischen viele Möglichkeiten, vegane Speisen zu bekommen.

MIT DEM FLUGZEUG

Auf Langstreckenflügen bietet so gut wie jede Airline – auch in der Economy-Class – Optionen abseits des normalen Menüs an. Koscher, glutenfrei, laktosefrei, vegan, vegetarisch, halal. All das sind schon lange keine Labels mehr, die man nur im Biolädchen findet.

Du musst dich nur vorab darum kümmern. Das funktioniert in der Regel so:

- Achte bereits bei der Buchung auf die Option »Sondermahlzeiten/Special Meals« und wähle die Option »vegetarisches veganes Menü« (Name kann variieren).
- Nach der Buchung, falls noch kein Sondermenü bestellt wurde: entweder direkt bei der Fluggesellschaft anrufen und nach einer veganen Mahlzeit fragen oder mit der Buchungsnummer auf der Airline-Homepage einloggen und das Sondermenü auswählen.

Es kann immer passieren, dass es ein Problem gibt und das »richtige« Essen nicht gebucht wurde. Deshalb der Tipp: Nimm immer mehrere Snacks mit, zum Beispiel Studentenfutter, Cracker und Riegel (Seite 74–75). Sie sind platzsparende Energielieferanten, um gegen den Hunger-Notfall gewappnet zu sein. Und bei Verschulden der Airline ist das Kabinenpersonal bestimmt gewillt, dir zu helfen und eine Alternative zu finden.

MIT DER BAHN

Noch vor acht Jahren war es kaum möglich, etwas Veganes zu bekommen, wenn man mit der Deutschen Bahn unterwegs war. Zwischenzeitlich hat sich sehr viel getan und auf der Speisekarte des Bordbistros im ICE finden sich verschiedene vegetarische und vegane Speisen.

Aber auch hier gilt: Sei immer vorbereitet. Wenn das Bordbistro ausfällt, gibt es meist nur belegte Brötchen, die in der Regel nicht vegan sind.

IN DER UNTERKUNFT

Am einfachsten ist die vegane Verpflegung in einer Ferienwohnung. Dann kannst du vor Ort einkaufen, was du brauchst, vielleicht auch von zu Hause deine Lieblingslebensmittel mitnehmen und vegan kochen. Doch auch im Hotel lässt es sich heutzutage wunderbar vegan essen. Wenn du sichergehen willst, kannst du dir auf einem veganen Hotelportal eine Unterkunft aussuchen, die auf jeden Fall viele vegane Optionen hat oder sogar rein vegan geführt wird. Aber auch auf gängigen Portalen gibt es Filter, um vegan-freundliche Hotels zu suchen.

In vielen Fällen reichen ganz normale Hotels, sie haben in der Regel ein gutes Angebot. Im äußersten Notfall findet man bei fast allen Frühstücksbuffets Brötchen, Obstsalat, Margarine, Erdnussmus und Marmelade. Am besten rufst du *vor* der Buchung im Hotel an, um dich nach veganen Optionen zu erkundigen. Doch es kann sich auch lohnen, vor Ort Bescheid zu sagen, denn viele Küchenmitarbeiter geben sich große Mühe, die veganen Extrawünsche zu erfüllen.

Meine Tipps für den Aufenthalt in Hotels:

- Nimm Brotaufstriche und Pflanzendrinks fürs Frühstück mit (z. B. kleine Probiergrößen).
- Sprich mit den Mitarbeitern, sie werden sich wahrscheinlich um dein Wohlbefinden bemühen.
- Bei All-inclusive-Angeboten: Erkundige dich bereits vor der Buchung nach der Verpflegung.

IM URLAUB

Auch abseits der Veganer-Hauptstadt Berlin muss niemand verhungern. Egal ob auf einer kleinen Urlaubsinsel wie Kos, im Disney World Resort oder in tropischen Ländern: Veganes Essen gibt es überall.

Was zum Beispiel immer geht:

- Supermarkt: Früchte, Gemüse, Fertigsalate, Nüsse, Säfte, Trockenfrüchte
- Restaurants: Nudeln (ohne Ei – ggf. nachfragen) mit Tomatensauce, Reisgerichte mit Gemüse, asiatische Restaurants (indisch, vietnamesisch, japanisch …), Gemüsepizza ohne Käse (ohne Ei – ggf. nachfragen), Salate
- Flughafen/Bahnhof: vegane Falafel, Wraps, Salate, Brezel

AUF FESTEN

Bei großen Festen wie Hochzeiten wird vorher oft gefragt, ob man sich speziell ernährt, zum Beispiel vegan oder vegetarisch. Bei kleineren Festen ist es meistens nicht ganz so leicht, Extrawünsche anzubringen, aber auch nicht unmöglich. Ruf einfach vorher beim Gastgeber an und informiere ihn kurz. Entweder kümmert dieser sich um ein geeignetes Essen oder – wie es bei lockeren Anlässen oft üblich ist – du bringst selbst etwas mit.

Viele Restaurants und Cafés bieten vegane Gerichte an.

DIE BESTEN SNACKS FÜR UNTERWEGS

Wie gesagt, es kann immer mal etwas schiefgehen. Umso wichtiger ist es, vorbereitet zu sein. Die folgenden Snacks lassen sich in jeder Tasche und jedem Rucksack verstauen, auch unabhängig vom Wetter.

Geröstete Kichererbsen

Geröstete Kichererbsen kannst du kaufen, aber auch ganz einfach selbst machen. Du verwendest dafür gegarte Kichererbsen, zum Beispiel aus dem Glas, aus der Dose oder selbst gekochte.

Die Kichererbsen abtropfen lassen, gut abtrocknen und mit etwas Öl, Salz und Gewürzen mischen, zum Beispiel Knoblauchpulver, Paprika oder Curry. Auf einem mit Backpapier belegten Blech verteilen und bei 170° (Umluft) 20–30 Min. im Backofen rösten, bis sie knusprig sind. Herausnehmen, abkühlen lassen und in eine Dose füllen.

Trockenfrüchte

Datteln, Feigen, Aprikosen, Pflaumen spenden Energie.

Obst

Bananen, Äpfel, Birnen – packe das Obst ein, das du gerne magst. Je nach Saison sind auch Pflaumen oder Kirschen geeignet.

Energy-Balls

Energy-Balls gibt es ebenfalls in großer Auswahl, nicht nur im Bioladen. Sie sind aber auch schnell selbst zubereitet.

180 g Haferflocken
30 g veganes Proteinpulver, Vanille
60 g Erdnussmus
30 g Ahornsirup
1 EL Pflanzendrink (Soja, Mandel)
20 g Schokodrops, Zartbitter (optional)

Haferflocken, Proteinpulver, Erdnussmus und Ahornsirup in einer Schüssel verrühren.
Pflanzendrink und nach Belieben Schokodrops hinzufügen und zu einem festen Teig verarbeiten.
Mit nassen Händen aus dem Teig etwa zwölf Bällchen formen. Mindestens 2 Stunden in den Kühlschrank stellen und fest werden lassen.

Nüsse

Cashewkerne, Mandeln, Walnüsse, Haselnüsse – stelle dir deine eigene Mischung zusammen.

Früchte-, Eiweiß- und Nussriegel

Jeder Supermarkt hat ein großes Angebot an Riegeln. Einige davon enthalten sehr viel Zucker, schau auf die Zutatenliste. Du kannst selbst Nussriegel backen, dann weißt du, was drin ist.

Reiswaffeln

Reiswaffeln werden mittlerweile in vielen verschiedenen Varianten angeboten. Dabei wird der Reis häufig kombiniert mit anderem Getreide oder Pseudogetreide wie Mais, Quinoa oder Dinkel.

Cracker

Cracker mit Salz, mit Sesam, mit Kräutern die Auswahl ist groß. Auch hier kannst du mit selbst gemachten Crackern deine Vorlieben umsetzen.

Geröstete Kichererbsen sind ein leckerer Snack für unterwegs.

Rosmarincracker

240 g Weizenvollkornmehl
1 TL Backpulver
½ TL Salz
schwarzer Pfeffer
½ TL Knoblauchgranulat
100 ml Olivenöl
1 Zweig Rosmarin

Den Backofen auf 170° (Umluft) vorheizen. In einer Schüssel Mehl, Backpulver, Salz, Pfeffer und Knoblauchgranulat mischen. Olivenöl dazugeben und mit einer Gabel verrühren.
120 ml Wasser hinzugeben und erneut umrühren, bis eine homogene Masse entsteht. Der Teig sollte grob und rau aussehen.
Den Teig zu einer Kugel formen und halbieren. Jede Hälfte zu einem Rechteck mit einer Dicke von etwa 2 cm formen. Die Teigstücke nacheinander zwischen zwei Lagen Backpapier auf eine Größe von etwa 35 x 15 cm ausrollen. Achte darauf, dass der Teig gleichmäßig dick ist. Rosmarin abbrausen, trocken schütteln und fein hacken. Die Teigplatten damit bestreuen.
Die Teigplatten mit Backpapier auf ein Backblech legen und 25–30 Minuten backen, bis sie knusprig braun sind.
Aus dem Ofen nehmen, abkühlen lassen und anschließend in Stücke brechen.

VEGAN BLEIBEN

Der Einstieg in die vegane Ernährung fällt dir vielleicht recht leicht. Du bist euphorisch, motiviert, neugierig und freust dich über jede neue Entdeckung. Doch mit der Zeit kann die Motivation nachlassen und das bisher Neue wird langweilig und vielleicht auch anstrengend. Die folgenden Tipps helfen dir dabei, auf Dauer vegan zu bleiben, sofern du das möchtest.

VERZEIH DIR

Menschen neigen dazu, sich nach Ausrutschern wieder alten Gewohnheiten hinzugeben. Du kennst bestimmt jemanden, der sich schwor, das Rauchen aufzugeben, und nach der ersten Party-Kippe wieder angefangen hat. Oder wie sieht es aus, wenn du eine Diät einhalten willst und einem Extra-Stückchen Schokolade nicht widerstehen kannst? Dann denkst du: Jetzt ist es auch egal.
Es ist eben nicht egal. Du hast dir vorgenommen, dieses 4-Wochen-Programm für den Einstieg in die vegane Ernährung durchzuziehen? Dann schmeiß wegen eines Ausrutschers nicht gleich alles über Bord. Egal ob gewollt oder nicht. Verzeih dir auch, wenn du den anfänglichen Gelüsten nach Käse mal nachgegeben hast. Jeder Mensch kämpft mit Versuchungen.
Viel wichtiger ist doch, dass du langfristig bei positiven Gewohnheiten bleibst. Du darfst den Sport mal sausen lassen. Du darfst mal ein Gläschen Rotwein mehr trinken. Du darfst mal ein fettiges Stück Torte essen. Auch ein Ei, wenn du es möchtest.

Aber bestrafe dich, die Tiere und die Umwelt nicht gleich, indem du deine guten Absichten komplett fallen lässt.

NUTZE DIE PFLANZLICHE VIELFALT

Dogmen und Scheuklappen haben noch nie was gebracht, vor allem in Bezug auf Ernährung. Du kannst vegan mit High Carb, Rohkost und Paleo kombinieren, wenn du möchtest. Aber sei dir im Klaren darüber, dass es langfristig schwierig ist, an einer 100-prozentigen Perfektion festzuhalten. Selbst wenn du vollkommen von Ernährungsweise X überzeugt bist, werden Zweifel, Sehnsüchte und Versuchungen kommen. Ich bin der Meinung: Ein langfristig umsetzbarer Plan ist besser als ein »perfekter«, den du nicht durchhältst.
Vegan bleiben ist kein Hexenwerk. Solange du es dir nicht unnötig schwer machst, ist es locker möglich. Ein Leben lang. Für optimale Gesundheit, Spaß und Genuss empfehle ich (wie viele andere Experten): Nutze die pflanzliche Vielfalt. Sie ist so bunt, so lecker, so vielseitig! Dazu zählen:
· Früchte
· Nüsse
· Samen
· Gemüse
· Getreide
· Pseudogetreide
· Hülsenfrüchte
· Gewürze
· Kräuter

PLANUNG IST ALLES

Trotz der steigenden Zahl veganer Alternativen ist es hilfreich und spart Stress, gut vorbereitet zu sein. Wenn du auf Reisen immer ein paar Snacks dabeihast, bist du bestens gewappnet. Ein paar Inspirationen findest du im Kapitel »Vegan unterwegs«. Zu Hause kann dir Meal-Prep sehr viel Stress ersparen. Bei den Rezepten findest du einige, die sich hervorragend vorbereiten lassen. Sie sind mit einem Meal-Prep-Label gekennzeichnet. Du kannst davon größere Portionen kochen und diese über mehrere Tage verteilt essen oder einzelne Portionen einfrieren.

Manchmal kann selbst der Einkauf eine Herausforderung sein. Deshalb empfehle ich dir, eine Einkaufsliste zu schreiben. Überlege dir, was du in den nächsten Tagen essen möchtest, und kaufe gezielt die Zutaten ein, die du dafür benötigst. So musst du zu Hause nicht erst mal überlegen, was du mit deinem Einkauf jetzt kochen kannst.

BLEIB ENTSPANNT

Auch wenn sie wichtig ist: Ernährung ist nur ein Teil des Lebens. Viel zu oft habe ich erlebt, wie sich Veganer untereinander streiten, nur weil sie verschiedener Auffassung über eine »perfekte« Ernährung sind. Was auch immer das sein mag.

Ernährung ist mehr als die perfekt getimte und mengenmäßig optimale Aufnahme von Nährstoffen. Ernährung ist Genuss. Ernährung ist Teil des sozialen Miteinanders. Ernährung macht Spaß. Als militanter Moralapostel durch die Gegend zu laufen, wird wenig bezwecken. Man ist gestresst, genervt und voller negativer Emotionen. Und das färbt ab. So kommt es zu unnötigen Grabenkämpfen, die dem Schutz eigener Glaubensgerüste dienen und niemandem nützen.

Bleib also entspannt, freue dich über die Vielfalt, die die vegane Ernährungsweise bietet, genieße dein Essen. Und lass andere so leben und essen, wie sie es wollen.

Meal Prep: Viele Gerichte lassen sich sehr gut vorbereiten.

AUFSTRICHE FÜR DIE VEGANE BROTZEIT

Leckere Dips und Aufstriche sind eine feine Ergänzung zum Brot, zu Rohkost und zu Crackern. Zu Hause, auf der Arbeit oder auch beim Picknick. In einem fest verschließbaren Glas lassen sie sich gut aufbewahren und auch transportieren.

Im Supermarkt findest du zwar mittlerweile viele vegane Aufstriche, selbst gemacht schmecken sie aber oft noch besser. Hier habe ich ein paar Ideen für leckere pflanzliche Brotaufstriche auf Basis von Hülsenfrüchten und Gemüse für dich zusammengestellt. Probiere dich einfach durch und variiere nach Belieben. Das gilt nicht nur für die Gewürze, sondern auch für die Basis: Ersetze zum Beispiel die weißen Bohnen durch Kidneybohnen. Die Aufstriche sind im Kühlschrank etwa 4 Tage haltbar.

Linsen-Tomaten-Aufstrich

Für 1 Glas à 250 ml
5 getrocknete Tomaten, in Wasser eingeweicht
125 g gekochte rote Linsen
1 TL Senf, mittelscharf
1 EL Zitronensaft
1 TL Tomatenmark
Salz

Einweichwasser der Tomaten abgießen und die Tomaten mit den restlichen Zutaten in einen Mixer geben.
Alles so lange mixen, bis eine cremige Masse entsteht. Wenn die Masse zu fest ist, noch etwas Wasser hinzugeben.

Hummus-Pesto

Für 1 Glas à 250 ml
1 Dose Kichererbsen
15 Blättchen Basilikum
1 Knoblauchzehe
1 EL Olivenöl
1 EL Hefeflocken
Salz
3 EL Wasser

Kichererbsen in ein Sieb gießen und abspülen. Basilikum abbrausen und trocken schütteln. Knoblauchzehe schälen. Sämtliche Zutaten in einen Mixer geben und so lange mixen, bis eine glatte Masse entsteht.

Weiße-Bohnen-Aufstrich

Für 1 Glas à 250 ml
1 Dose weiße Bohnen
1 Knoblauchzehe
¼ TL Kreuzkümmel
½ TL Kurkuma
½ TL Paprikapulver
Salz
Pfeffer
1 EL weißes Mandelmus
1 EL Olivenöl

Bohnen in ein Sieb gießen und abspülen.
Zusammen mit den restlichen Zutaten in
einen Mixer geben und so lange mixen,
bis eine glatte Masse entsteht.

Gemüseaufstrich

Für 1 Glas à 250 ml
2 rote Paprika
1 Aubergine
1 TL Olivenöl
Salz
schwarzer Pfeffer

Den Backofengrill auf 230° vorheizen.
Paprika waschen, längs halbieren und
entkernen. Aubergine waschen und ebenfalls längs halbieren. Die Hälften mit der
Hautseite nach oben auf ein Backblech
legen und auf der obersten Schiene
10–15 Minuten garen, bis die Haut
schwarz ist. Paprika und Aubergine aus
dem Backofen nehmen, mit einem feuchten Küchenpapier bedecken und etwas
abkühlen lassen. Anschließend mit einem
Messer die Haut abziehen. Aubergine,
Paprika, Olivenöl, Salz und Pfeffer in
einen Mixer geben und cremig mixen. Vor
dem Abfüllen ganz auskühlen lassen.

GESCHMACK ÜBERZEUGT

Jetzt kann es losgehen! Du kennst die theoretischen Grundlagen der veganen Ernährung und bist auch schon ein wenig in die Praxis eingetaucht. Nun geht es ans Kochen und Backen. Mein 4-Wochen-Programm mit 72 veganen Rezepten soll dir den Umstieg erleichtern.

DAS 4-WOCHEN-PROGRAMM

In dem 4-Wochen-Programm für den Einstieg in die vegane Ernährung fangen wir ganz einfach an mit Gerichten, die grundsätzlich vegan sind und keine speziellen Zutaten benötigen. In jeder Woche kommen ein paar mehr typisch vegane Zutaten hinzu, die klassische Nahrungsmittel ersetzen, und die Rezepte werden teilweise in der Zubereitung etwas aufwendiger.

Natürlich kannst du auch am Anfang ein Gericht aus der vierten Woche zubereiten, doch ich habe die Erfahrung gemacht, dass es einfacher ist, nach und nach neue Produkte in die Ernährung zu integrieren. Letztlich geht es aber darum, dass du Lust darauf hast, etwas auszuprobieren, dass dir das Kochen und Backen Spaß macht – und dass dir das Ergebnis schmeckt.

Meist ist es am besten, ein neues Rezept erst einmal genau zu befolgen. Doch wenn gerade ein anderes Obst oder Gemüse Saison hat (Seite 69), kannst du dies natürlich ersetzen. Und auch die Grundzutaten kannst du in vielen Gerichten tauschen (z. B. Reis statt Hirse). So bringst du mehr Abwechslung in den Speiseplan.

Ich wünsche dir ganz viel Spaß beim Ausprobieren und einen guten Appetit!

Woche 1

In der ersten Woche findest du Rezepte mit klassischen Zutaten, nur zweimal wird Pflanzendrink statt Milch verwendet. Die Rezepte sind weder kompliziert noch aufwendig.

Wahrscheinlich hast du deinen Vorratsschrank schon entrümpelt und dir auch schon Gedanken gemacht, wie du deine Lieblingsgerichte veganisieren kannst. Auf den vergangenen Seiten hast du dazu einige Anregungen bekommen.

Wenn du möchtest, kannst du Freunde und Familie darüber informieren, dass du aktuell eine vierwöchige Vegan-Challenge machst. Vielleicht motivierst du sie sogar mitzumachen.

Woche 2

In der zweiten Woche werden mehr klassische Zutaten durch vegane ersetzt, aber pro Rezept maximal zwei. Du findest nun auch Mandelmus, Cashewkerne und Hefeflocken in den Zutatenlisten sowie vegane Sahne, Sojaghurt und Tofu. All dies sind Produkte, die du problemlos im Supermarkt bekommst. Die Rezepte sind ein wenig aufwendiger als in der ersten Woche, aber immer noch nicht schwer nachzukochen.

Außerdem kannst du einen kleinen Rückblick wagen. Hat dir die erste Woche gefallen oder bist du eher gestresst? Was hat nicht so gut geklappt? Warum hat das nicht geklappt? Was könntest du ändern? Wichtig ist, dass dir die Challenge Spaß macht. Du kannst dich gerne ausprobieren und Rezepte für dich abwandeln.

STELLE DICH DER HERAUSFORDERUNG

Sieh das 4-Wochen-Programm als Challenge! Fordere dich selbst heraus, beziehe andere mit ein. Wenn Freunde mitmachen oder Teile deiner Familie, macht es noch mehr Spaß. Gemeinsam neue Rezepte ausprobieren und sich gegenseitig bekochen hilft, motiviert zu bleiben.

Woche 3

In der dritten Woche kommen noch weitere Zutaten dazu, zum Beispiel veganer Blätterteig, und zum ersten Mal wird Jackfrucht verwendet. Manche Rezepte sind etwas aufwendiger.
Blicke zurück auf die vergangene Woche und überlege, welche veganen Alternativen dir am besten schmecken. Bist du eher Soja-, Hafer- oder Mandeldrink-Fan?

Woche 4

Nun bist du schon in der vierten Woche deiner Challenge angelangt und hast bereits einige Erfahrungen mit veganen Produkten gesammelt. In dieser Woche werden in fast allen Rezepten mindestens zwei speziell vegane Zutaten verwendet, manche der Rezepte sind deutlich aufwendiger. Doch keines der Gerichte ist wirklich kompliziert und auch Ungeübte können alle nachkochen.
In dieser letzten Woche solltest du dich außerdem fragen, ob die vegane Ernährung dir wirklich Spaß macht und ob sie alltagstauglich ist für dich. Wenn du diese Fragen für dich mit Ja beantwortest, machst du in den nächsten Wochen einfach weiter.

So geht es weiter

Du hast dich entschieden, weiterzumachen? Dann ist es jetzt höchste Zeit, dich einer Rezeptsammlung zu widmen. Die Rezepte in diesem Buch sind eine gute Basis, vielleicht hast du schon deine Favoriten markiert. Dazu kommen deine veganisierten Lieblingsgerichte und weitere vegane Gerichte, die du gerne magst. Es ist gut, auf eine Sammlung zurückgreifen zu können, dann musst du nicht immer neu überlegen, welche Rezepte vegan sind.
Du kannst dir auch einen Masterplan machen, wie du langfristig die vegane Ernährung in deinen Alltag integrierst. Sei es im Arbeitsalltag, als Vorbereitung auf eine Reise oder wenn du zu einer Geburtstagsparty eingeladen bist. Im Kapitel »Vegan unterwegs« hast du bereits ein paar Snackideen entdeckt. Probiere aus, schau, was dir am besten schmeckt, und lege dir am besten einen kleinen Vorrat an.
Zudem wird nun das Thema Nahrungsergänzungsmittel relevant. Schau noch mal im Kapitel »Supplemente – welche sind sinnvoll?« nach, was du bei einer veganen Ernährung beachten musst. Wenn du vorher Fleisch gegessen hast, musst du dir zum Beispiel über deinen Vitamin-B12-Spiegel erst mal keine Sorgen machen, aber du solltest die Versorgung mit den wichtigen Nährstoffen im Blick behalten. Vereinbare einen Termin bei deinem Arzt und lasse dein Blutbild checken (Seite 27).
Dir war das alles viel zu anstrengend und du vermisst deinen Käse? Selbst wenn du nach diesen vier Wochen deine Ernährung nicht komplett vegan gestalten möchtest, haben dich hoffentlich einige Rezepte überzeugt und du hast beschlossen, in Zukunft mehr pflanzliche Lebensmittel zu essen. Schon durch die Reduktion von tierischen Lebensmitteln tust du nicht nur etwas für das Tierwohl, sondern auch für dich und deine Gesundheit. Wenn du statt vier- bis fünfmal nur noch einmal pro Woche Fleisch isst, hat das schon große positive Auswirkungen.
Wie auch immer du dich entscheidest: Du hast dich vier Wochen lang ganz praktisch mit einer neuen Ernährungsform beschäftigt und über den Tellerrand hinausgeschaut. Ich hoffe, das hat dir viel Spaß gemacht und deinen Speiseplan bereichert.

WOCHE 1

Eat the rainbow – leichter als gedacht

Mit herkömmlichen Zutaten lässt sich prima vegan kochen und backen. Du wirst überrascht sein, wie viele Rezepte von Haus aus vegan sind – ob mexikanisch, asiatisch, orientalisch oder ganz klassisch. Vielleicht ist auch das eine oder andere Lieblingsgericht dabei.

CRUNCHY GRANOLA

**FÜR 2 PERSONEN
20 MIN. ZUBEREITUNG**

1 EL Cashewkerne
1 EL Sonnenblumenkerne
4 Paranüsse
60 g Haferflocken
2 EL Cornflakes
2 EL geschrotete Leinsamen
1 Prise Salz
¼ TL Zimt
2 EL Ahornsirup
1 EL Erythrit

**NÄHRWERTE
PRO PORTION:**

**Kalorien: 360 kcal
Kohlenhydrate: 41 g
Fett: 18 g
Eiweiß: 10 g**

1. Den Ofen auf 180° (Umluft) vorheizen.

2. Cashewkerne, Sonnenblumenkerne und Paranüsse mit dem Messer grob hacken. Zusammen mit Haferflocken, Cornflakes, Leinsamen, Salz und Zimt in eine Schüssel geben und vermengen.

3. Ahornsirup dazugeben und alle so lange mischen, bis der Sirup gleichmäßig an der Mischung haftet.

4. Die Mischung gleichmäßig auf einem mit Backpapier ausgelegten Backblech verteilen und 10 Min. backen.

5. Nach 10 Min. die Temperatur auf 100° reduzieren und das Backblech kurz aus dem Ofen nehmen. Erythrit auf dem Granola verteilen und alles gut durchmischen. Danach weitere 5 Min. backen.

6. Danach das Blech aus dem Ofen nehmen und das Granola gut abkühlen lassen.

TIPP
Das Granola schmeckt lecker mit frischem Obst und Pflanzendrink gemischt.

FOCACCIA

**FÜR 1 BACKBLECH
(CA. 10 STÜCK)
30 MIN. ZUBEREITUNG
2 STD. RUHEN**

1 Pck. Trockenhefe
Salz
4 EL Olivenöl
500 g Vollkornmehl
1 EL Hefeflocken
1 EL Olivenöl
1 TL getrockneter Oregano

**NÄHRWERTE
PRO STÜCK:**

Kalorien: 210 kcal
Kohlenhydrate: 36 g
Fett: 5 g
Protein: 7 g
Ballaststoffe: 5 g

1. 360 ml Wasser erwärmen (ca. 40°), in eine Schüssel gießen und die Trockenhefe einrühren. Etwa 10 Min. stehen lassen, dann ½ TL Salz und 3 EL Olivenöl dazugeben und verrühren.

2. Mehl und Hefeflocken in einer großen Schüssel mischen. Nach und nach die aufgelöste Hefe hinzufügen und alles mit den Knethaken vermischen.

3. Die Arbeitsfläche bemehlen und den Teig darauf mit den Händen gut durchkneten, bis er elastisch ist. Eventuell noch etwas Mehl hinzufügen, der Teig darf nicht an den Händen kleben. Dann zu einer Kugel formen.

4. Den Backofen auf 50° (Umluft) vorheizen, dann ausschalten. Teig in eine große geölte Schüssel legen, mit einem sauberen Geschirrtuch abdecken und im warmen Backofen etwa 1 Std. gehen lassen, bis sich sein Volumen verdoppelt hat.

5. Den Teig aus dem Ofen nehmen und noch einmal kurz durchkneten.

6. Backblech mit Backpapier auslegen und den Teig darauf gleichmäßig ausrollen. Abdecken und 1 weitere Stunde im warmen Ofen gehen lassen.

7. Herausnehmen und den Backofen auf 210° (Ober-/Unterhitze) vorheizen.

8. Das Brot mit dem restlichen Olivenöl (1 EL) bestreichen und mit den Fingerspitzen leicht eindrücken. Mit Oregano und einer Prise Salz bestreuen.

9. Das Brot wieder in den Ofen schieben und 20 Min. backen. Herausnehmen und etwas abkühlen lassen.

BLITZKUCHEN MIT ÄPFELN

FÜR 2 PERSONEN
30 MIN. ZUBEREITUNG
25 MIN. BACKEN

100 g Dinkelmehl (Type 630)
30 g gemahlene Haselnüsse
1 TL Backpulver
40 g Rohrohrzucker
(ersatzweise Erythrit)
Zimt
2 EL geschroteter Leinsamen
3 EL Apfelmark
1 EL Apfelessig
100 ml Haferdrink
3 Äpfel

AUSSERDEM:
1 Backform (15 x 20 cm)
neutrales Pflanzenöl für die Form

1. Den Backofen auf 180° (Umluft) vorheizen.
Dinkelmehl in eine Schüssel geben, mit Haselnüssen, Backpulver, Zucker, Zimt und Leinsamen mischen. Apfelmark, Apfelessig und Haferdrink zugeben und alles zu einem Teig verrühren.

2. Die Form einfetten, den Teig einfüllen und glatt streichen.

3. Die Äpfel schälen, vierteln und entkernen. Die Apfelviertel vier- bis fünfmal längs einschneiden.

4. Die Äpfel leicht in den Teig drücken und den Apfelkuchen auf der mittleren Schiene 20–25 Min. backen.

TIPP

Du kannst den Kuchen auch mit anderem Obst oder mit Beeren backen, zum Beispiel mit Kirschen, Blaubeeren, Birnen oder Himbeeren. Wenn du tiefgekühlte Beerenfrüchte nutzt, taue sie vorher auf und gieß den ausgetretenen Saft weg. Idealerweise bestäubst du die Beeren mit etwas Mehl, bevor du sie auf dem Teig verteilst, dann verteilen sie sich besser.

NÄHRWERTE
PRO PORTION:

Kalorien: 543 kcal
Kohlenhydrate: 98 g
Fett: 15 g
Eiweiß: 13 g

ANTIOXIDANTIEN-BOOSTER

FÜR 2 PERSONEN
15 MIN. ZUBEREITUNG
12 STD. QUELLEN

120 g feine Haferflocken
350 ml Pflanzendrink
(z. B. Soja, Hafer, Mandel)
2 TL Chiasamen
150 g TK-Blaubeeren
2 TL Ahornsirup
1 Prise gemahlene
Bourbon-Vanille
70 g frische Blaubeeren
1 TL Kokosrapsel

**NÄHRWERTE
PRO PORTION:**

Kalorien: 419 kcal
Kohlenhydrate: 65 g
Fett: 13 g
Eiweiß: 16 g

1. Haferflocken mit 300 ml Pflanzendrink und Chiasamen mischen, auf zwei Gläser verteilen und über Nacht in den Kühlschrank stellen.

2. Am nächsten Tag in einem kleinen Topf die gefrorenen Blaubeeren mit Ahornsirup und Vanillepulver erwärmen und bei niedriger Hitze in 8–10 Min. andicken lassen.

3. Die restlichen 50 ml Pflanzendrink unter die Haferflocken rühren.

4. Frische Blaubeeren verlesen, waschen und vorsichtig trocknen und zusammen mit Kokosraspeln und Blaubeersauce auf die beiden Gläser verteilen.

TIPP

Statt Blaubeeren eignen sich auch Himbeeren, Brombeeren oder Erdbeeren. Die Omega-3-Fettsäuren in den Chiasamen wie auch die Antioxidantien in den Beerenfrüchten wirken entzündungshemmend und unterstützen das Immunsystem. Durch das Einweichen von Haferflocken und Chiasamen wird beides bekömmlicher, der Körper kann sie besser verdauen und aufnehmen.

ENGLISH-BREAKFAST-
BOHNEN

FÜR 2 PERSONEN
45 MIN. ZUBEREITUNG

1 Schalotte
1 EL Rapsöl
1 EL Tomatenmark
1 Dose passierte Tomaten (400 g)
80 ml Gemüsebrühe
1 EL Ahornsirup
1 EL Sojasauce
1 Lorbeerblatt
⅓ TL Knoblauchpulver
⅓ TL edelsüßes Paprikapulver
1 Glas weiße Bohnen
(220 g Abtropfgewicht)
Rauchsalz
schwarzer Pfeffer

NÄHRWERTE
PRO PORTION:

Kalorien: 254 kcal
Kohlenhydrate: 38 g
Fett: 7 g
Eiweiß: 12 g

1. Den Backofen auf 180° (Umluft) vorheizen.

2. Schalotte schälen, halbieren und in feine Halbringe schneiden. Rapsöl in einem Topf erhitzen und die Schalotte bei mittlerer Hitze 2–3 Min. glasig andünsten.

3. Tomatenmark hinzugeben und kurz mitdünsten.

4. Passierte Tomaten und Gemüsebrühe einrühren, die Sauce aufkochen lassen und Ahornsirup, Sojasauce, Lorbeerblatt, Knoblauch- und Paprikapulver dazugeben.

5. Bohnen in ein Sieb gießen, gründlich abbrausen und abtropfen lassen. Bohnen unter die Sauce heben und alles mit Rauchsalz und Pfeffer würzen.

6. Alles in der Auflaufform verteilen, mit einem Deckel oder Alufolie abdecken und im Ofen 25–30 Min. überbacken. Vor dem Servieren das Lorbeerblatt entfernen.

TIPP

Hülsenfrüchte aus dem Glas oder aus der Dose sollten so lange abgebraust werden, bis der Schaum verschwunden ist. Im Schaum befinden sich nicht verdauliche Bestandteile, die Blähungen verursachen können. Wenn du getrocknete Hülsenfrüchte verwendest, solltest du sie vor und nach dem Kochen gründlich waschen.

MANDEL-FRISCHKÄSE

FÜR 4 PERSONEN
15 MIN. ZUBEREITUNG
12 STD. EINWEICHEN

100 g blanchierte Mandeln
1 EL Zitronensaft
Salz
1 TL Essig
½ EL Kokosöl
schwarzer Pfeffer
Kräuter (z.B. Schnittlauch, Dill,
Petersilie)

NÄHRWERTE
PRO PORTION:

Kalorien: 163 kcal
Kohlenhydrate: 6 g
Fett: 15 g
Eiweiß: 5 g

1. Mandeln über Nacht in Wasser einweichen.

2. Einweichwasser abgießen, Mandelkerne gründlich abbrausen und abtropfen lassen. Mit 30 ml Wasser in einen Mixer geben und sehr fein pürieren.

3. Zitronensaft, ½ TL Salz, Essig und Kokosöl in einen kleinen Topf geben und leicht erwärmen. Die Mischung zu den Mandeln geben, mit Pfeffer würzen.

4. Mandel-Frischkäse mit frischen Kräutern nach Geschmack verfeinern und in ein fest verschließbares Glas füllen.

TIPP
Der Frischkäse hält sich im Kühlschrank etwa 1 Woche, lässt sich also auch sehr gut vorbereiten. Du kannst ihn auch mit Meerrettich verfeinern. Dafür den Meerrettich schälen und fein raspeln.

TOMATENSAUCE

MEAL-PREP

FÜR 2 PERSONEN
20 MIN. ZUBEREITUNG
60 MIN. GAREN

2 Knoblauchzehen
1 rote Zwiebel
1 TL Rapsöl
1 Zweig Rosmarin
2 Lorbeerblätter
100 g Tomatenmark
10 Cherrytomaten
400 ml Gemüsebrühe
½ TL edelsüßes Paprikapulver
½ TL Oregano
½ TL Thymian
1 Msp. Zimt
Salz
schwarzer Pfeffer

NÄHRWERTE
PRO PORTION:

Kalorien: 157 kcal
Kohlenhydrate: 30 g
Fett: 4 g
Eiweiß: 6 g

1. Knoblauch und Zwiebel schälen und fein hacken.

2. Rapsöl in einer Pfanne erhitzen. Knoblauch und Zwiebel bei mittlerer Hitze in etwa 3 Min. glasig braten.

3. Rosmarin und Lorbeerblätter waschen, trocken schütteln, zusammen mit dem Tomatenmark in die Pfanne geben und alles weitere 5 Min. braten.

4. Cherrytomaten waschen, trocken tupfen, den Stielansatz entfernen und die Tomaten halbieren. In die Pfanne geben und kurz mitbraten. Mit Gemüsebrühe ablöschen und die Sauce mit Paprikapulver, Oregano, Thymian, Zimt, Salz und Pfeffer würzen.

5. Die Sauce mindestens 60 Min. köcheln lassen. Vor dem Verzehr Rosmarin und Lorbeerblätter entfernen.

TIPP

Die perfekte Tomatensauce – einfach zuzubereiten, sehr lecker und vielseitig verwendbar. Sie passt zu Pasta, Kartoffeln und ich verwende sie zum Beispiel für die Mexikanischen Wraps (Seite 172).
Du kannst die Tomatensauce auf Vorrat kochen und in einem fest verschlossenen Glas im Kühlschrank etwa 1 Woche aufbewahren. Oder du frierst sie portionsweise – sehr praktisch ist dafür ein Eiswürfelbehälter – ein und hast sie bei Bedarf immer zur Hand.

KNACKFRISCHER BROKKOLISALAT

**FÜR 2 PERSONEN
30 MIN. ZUBEREITUNG**

1 Brokkoli
Salz
4 Champignons
½ rote Paprika
½ kleine Zucchini
1 weiße Zwiebel
1 Knoblauchzehe
1 TL Rapsöl
3 EL Mais (aus dem Glas)
1 EL Sojasauce (nach Belieben)
1 kleine Möhre
6 grüne Oliven (ohne Stein)
4 Artischockenherzen
1 Bund Schnittlauch
½ Bund Basilikum
3 EL Leinöl
1 EL Zitronensaft
schwarzer Pfeffer

**NÄHRWERTE
PRO PORTION:**

Kalorien: 287 kcal
Kohlenhydrate: 35 g
Fett: 15 g
Eiweiß: 10 g

1. Brokkoli putzen und in kleine Röschen teilen. Die Röschen waschen und in kochendem Salzwasser in 2–3 Min. blanchieren. Danach Wasser abschütten, Brokkoli mit kaltem Wasser abschrecken und in eine Schüssel geben.

2. Champignons putzen, Paprika und Zucchini waschen und ebenfalls putzen. Zwiebel und Knoblauch schälen. Alles grob hacken.

3. Rapsöl in einer Pfanne erhitzen. Champignons, Paprika, Zucchini, Zwiebel und Knoblauch ca. 10 Min. auf mittlerer Hitze anbraten. Mais hinzugeben, das Gemüse nach Belieben mit Sojasauce ablöschen und weitere 3 Min. braten. Zum Brokkoli geben.

4. Möhre putzen und schälen, Oliven und Artischocken abtropfen lassen, alles klein schneiden und zum Gemüse geben.

5. Schnittlauch und Basilikum waschen, trocken schütteln und fein hacken. Mit Leinöl und Zitronensaft mischen, leicht salzen und pfeffern.

6. Dressing über das Gemüse geben, alles gut mischen und den Salat lauwarm genießen.

NUDELSALAT MIT RUCOLA

**FÜR 2 PERSONEN
30 MIN. ZUBEREITUNG**

250 g Fusilli (Vollkorn)
Salz
10 Cherrytomaten
1 Handvoll Rucola
20 g Pinienkerne
20 g Cashewkerne
2 EL Leinöl
2 EL Aceto balsamico
schwarzer Pfeffer

**NÄHRWERTE
PRO PORTION:**

**Kalorien: 619 kcal
Kohlenhydrate: 107 g
Fett: 16 g
Eiweiß: 23 g**

1. Fusilli in kochendem Salzwasser nach Packungsanweisung garen, in ein Sieb abgießen und abtropfen lassen.

2. Cherrytomaten waschen, trocken tupfen, den Stielansatz entfernen und die Tomaten vierteln. Rucola putzen, waschen und trocken schleudern.

3. Pinienkerne und Cashewkerne ohne Fett in einer Pfanne anrösten.

4. Für das Dressing Leinöl mit Aceto balsamico, Salz und Pfeffer verrühren.

5. Fusilli und Tomaten in einen Schüssel geben und mit dem Dressing vermischen. Pinienkerne und Cashews unterheben und den Rucola auf dem Salat verteilen.

VARIANTEN
Du kannst den Nudelsalat auch mit anderen Nüssen und Kernen zubereiten, wie Mandeln, Walnüsse und Sesam. Diese lassen sich ebenfalls gut anrösten. Den Rucola kannst du durch frischen Blattspinat ersetzen.

MEXIKANISCHER REISSALAT

FÜR 2 PERSONEN
45 MIN. ZUBEREITUNG
45 MIN. ZIEHEN

120 g Vollkornreis
Salz
½ Glas Kidneybohnen (110 g
Abtropfgewicht)
6 EL Mais (aus dem Glas)
10 Cherrytomaten
1 rote Zwiebel
1 grüne Paprika
2 EL Olivenöl (extra vergine)
3 EL Zitronensaft
1 EL Ahornsirup
1 TL edelsüßes Paprikapulver
1 EL Petersilie
schwarzer Pfeffer

1. Den Reis nach Packungsanweisung in Salzwasser garen. In eine große Schüssel geben und etwas abkühlen lassen.

2. Kidneybohnen und Mais in ein Sieb gießen, gründlich abbrausen und abtropfen lassen.

3. Tomaten waschen, trocken tupfen und vierteln. Zwiebel schälen, halbieren und in feine Halbringe schneiden. Paprika waschen, Kerngehäuse entfernen und Paprika in feine Würfel schneiden. Alles zu dem Reis geben und vermengen.

4. Für das Dressing Olivenöl, Zitronensaft, Ahornsirup und Paprikapulver in einer kleinen Schüssel verquirlen. Petersilie waschen, trocken schütteln, Blättchen abstreifen und fein hacken.

5. Dressing und Petersilie zum Reis geben und gut mischen. Den Salat mit Salz und Pfeffer würzen und vor dem Verzehr 30–45 Min. durchziehen lassen.

**NÄHRWERTE
PRO PORTION:**

Kalorien: 509 kcal
Kohlenhydrate: 88 g
Fett: 14 g
Eiweiß: 14 g

MEAL-PREP

VEGGIE-BOWL MIT GUACAMOLE

**FÜR 2 PERSONEN
1 STD. ZUBEREITUNG**

400 g kleine, vorwiegend
festkochende Kartoffeln
½ kleine Aubergine
½ Zucchini
½ rote Paprika
1 eingelegte grüne Peperoni
1 EL Rapsöl
Salz
schwarzer Pfeffer

FÜR DIE GUACAMOLE:
1 Avocado
1 EL Leinöl
Saft von ½ Limette
Salz
schwarzer Pfeffer
2 EL Cashewkerne
1 EL Mandeln
6 Cherrytomaten
2 Handvoll Babyspinat

1. Den Backofen auf 180° (Umluft) vorheizen.

2. Kartoffeln gründlich abbürsten und in Viertel schneiden.

3. Aubergine, Zucchini und Paprika waschen, Paprika entkernen. Das Gemüse in ca. 1 cm breite Streifen schneiden. Peperoni abtropfen lassen und in feine Ringe schneiden.

4. Rapsöl, Salz und Pfeffer in einer Schüssel mischen, Gemüse und Kartoffeln darin schwenken, dann auf einem mit Backpapier ausgelegten Backblech verteilen und 30 Min. backen.

5. Für die Guacamole die Avocado halbieren, den Stein entfernen, das Fruchtfleisch aus der Schale lösen, zerdrücken und mit Leinöl, Limettensaft, Salz und Pfeffer mischen.

6. Cashewkerne und Mandeln ohne Öl in einer Pfanne rösten.

7. Tomaten und Spinat waschen und trocken tupfen, Tomaten vierteln.

8. Gemüse mit der Guacamole in zwei Schalen anrichten und servieren.

**NÄHRWERTE
PRO PORTION:**

Kalorien: 533 kcal
Kohlenhydrate: 67 g
Fett: 28 g
Eiweiß: 13 g

ORIENTALISCHER BULGURSALAT

FÜR 2 PERSONEN
25 MIN. ZUBEREITUNG
8-12 STD. ZIEHEN

200 g Bulgur
1 rote Zwiebel
2 Knoblauchzehen
1 EL Rapsöl
1 rote Paprika
1 Möhre
2 EL Ajvar
2 EL Tomatenmark
2 EL Rapsöl
1 EL Zitronensaft
Salz
schwarzer Pfeffer
6 Cherrytomaten
2 EL Mandeln
½ Bund Petersilie
4 EL Granatapfelkerne

1. Bulgur nach Packungsanweisung zubereiten.

2. Zwiebel und Knoblauch schälen und fein hacken. 1 EL Rapsöl in einer Pfanne erhitzen und Zwiebeln bei mittlerer Hitze 2-3 Min. braten.

3. Paprika waschen und entkernen, Möhre schälen und beides in kleine Würfel schneiden. Zusammen mit dem Knoblauch in die Pfanne geben und alles weitere 5-6 Min. braten.

4. Fertigen Bulgur in eine große Schüssel geben und mit Ajvar, Tomatenmark, Rapsöl, Zitronensaft, Salz und Pfeffer vermengen, anschließend das Gemüse unterheben.

5. Cherrytomaten waschen und vierteln. Mandeln fein hacken. Petersilie waschen, trocken schütteln und fein hacken. Alles zusammen mit den Granatapfelkernen zum Salat geben und kurz unterheben.

6. Den Salat mehrere Stunden, idealerweise über Nacht im Kühlschrank durchziehen lassen.

NÄHRWERTE
PRO PORTION:

Kalorien: 526 kcal
Kohlenhydrate: 92 g
Eiweiß: 16 g
Fett: 15 g

MEAL-PREP

ROTE-BETE-CARPACCIO MIT SPINAT-WALNUSS-PESTO

FÜR 2 PERSONEN
20 MIN. ZUBEREITUNG
1 STD. MARINIEREN

1 mittelgroße Rote Bete (gegart)
Salz
1 EL Leinöl

FÜR DAS PESTO:
30 g Babyspinat
50 g Walnüsse
25 g geschroteter Leinsamen
Saft von ½ Zitrone
50 ml Leinöl
Salz
schwarzer Pfeffer

NÄHRWERTE
PRO PORTION:

Kalorien: 485 kcal
Kohlenhydrate: 14 g
Fett: 47 g
Eiweiß: 8 g
Ballaststoffe: 7 g

1. Rote Bete putzen und in sehr feine Scheiben schneiden. In einer Schüssel ½ TL Salz mit 250 ml Wasser und Leinöl verrühren. Rote Bete hinzugeben und unterheben. Mindestens 1 Std. ruhen lassen.

2. Für das Pesto Spinat putzen und die Stiele abtrennen. Spinat abbrausen, schleudern, in Stücke zupfen und in einen Mixer geben. Walnüsse, Leinsamen, Zitronensaft und Leinöl hinzugeben und alles zu einem feinen Pesto verarbeiten. Mit Salz und Pfeffer würzen.

3. Rote Bete abgießen. Zum Servieren die Scheiben auf einem Teller auslegen und Pesto daraufklecksen.

TIPP

Statt Walnüssen sind auch Pinienkerne eine feine Pestogrundlage. Diese vorher kurz anrösten, damit sie ihr Aroma entfalten können. Den Spinat kannst du auch durch Rucola ersetzen.

HERZHAFTE RÖSTI

FÜR 6 RÖSTI
45 MIN. ZUBEREITUNG

500 g vorwiegend festkochende
Kartoffeln
1 weiße Zwiebel
30 g Dinkelmehl (Type 630)
Salz
schwarzer Pfeffer
1 Prise Muskatnuss
2 EL Rapsöl

NÄHRWERTE
PRO PORTION:

Kalorien: 344 kcal
Kohlenhydrate: 57 g
Fett: 11 g
Eiweiß: 7 g

1. Kartoffeln gründlich abbürsten, schälen und fein reiben.

2. Ein sauberes Geschirrtuch in eine große Schüssel legen, die geriebenen Kartoffeln darauf verteilen und die Flüssigkeit auspressen. Flüssigkeit wegschütten und die Kartoffeln zurück in die Schüssel geben.

3. Zwiebel schälen und sehr fein hacken. Zusammen mit Mehl, Salz, Pfeffer und Muskat zu den Kartoffeln geben und alles mit den Händen gut verkneten.

4. Die Kartoffelmasse in sechs gleich große Portionen teilen und jeweils zu einem flachen Kreis formen.

5. Rapsöl in einer großen Pfanne erhitzen. Die Bratlinge vorsichtig mit einem Pfannenwender in die Pfanne legen und bei mittlerer Hitze auf jeder Seite 4–5 Min. braten, bis sie goldbraun und knusprig sind.

TIPP
Dazu schmeckt Apfelmus, Ketchup oder auch Guacamole (Seite 96).

PAD THAI

FÜR 2 PERSONEN
30 MIN. ZUBEREITUNG

250 g Brokkoliröschen
Salz
1 Möhre
1 Knoblauchzehe
½ rote Chilischote
1 Stück Ingwer (ca. 1 cm)
1 TL Rapsöl
2 EL Sesamsamen
150 g breite Reisnudeln
1 Frühlingszwiebel
½ Bund Thai-Basilikum
½ Bund Minze
1 Limette
3 EL Erdnussmus Crunchy
2 EL Sojasauce
2 EL Ahornsirup
1 EL Teriyaki-Sauce

NÄHRWERTE
PRO PORTION:

Kalorien: 615 kcal
Kohlenhydrate: 96 g
Fett: 21 g
Eiweiß: 16 g

1. Brokkoli waschen, Röschen abtrennen und klein schneiden. Salzwasser zum Kochen bringen und Brokkoli 3 Min. blanchieren. Dann in ein Sieb abgießen und mit kaltem Wasser abschrecken.

2. Möhre schälen und in schmale Stifte schneiden, Knoblauch schälen. Chilischote waschen, aufschneiden und Kerne entfernen, Ingwer schälen. Chili und Ingwer ganz fein hacken.

3. In einer Pfanne Rapsöl erhitzen, darin Brokkoli und Möhre 2–3 Min. scharf anbraten. Knoblauch dazupressen, dann Chilischote, Ingwer und Sesamsamen zugeben und weitere 2–3 Min. bei mittlerer Hitze braten.

4. In der Zwischenzeit die Reisnudeln nach Packungsanweisung zubereiten, in ein Sieb abgießen und abtropfen lassen.

5. Frühlingszwiebel putzen, Thai-Basilikum und Minze waschen, trocken schütteln und alles fein hacken. Limette auspressen.

6. Für die Sauce Erdnussmus mit Sojasauce, Ahornsirup, Teriyaki-Sauce und 2 EL Limettensaft verrühren und zum Gemüse geben. Die Reisnudeln unterheben. Frühlingszwiebeln und Kräuter über die Nudeln streuen. Nach Belieben mit Limettensaft beträufeln.

TIPP

Reisnudeln gibt es in verschiedenen Varianten. In der Regel werden sie mit kochendem oder heißem Wasser übergossen und müssen ein paar Min. ziehen, bis sie gar sind. Bei den breiten Reisnudeln dauert das rund 10 Min..

MEAL-PREP

KLASSISCHE MINESTRONE

FÜR 2 PERSONEN
25 MIN. ZUBEREITUNG
45 MIN. GAREN

300 g vorwiegend festkochende
Kartoffeln
½ kleine Stange Lauch
½ kleine Zucchini
1 Stange Staudensellerie
1 Möhre
1 weiße Zwiebel
2 Knoblauchzehen
2 EL Rapsöl
1 Dose stückige Tomaten (400 g)
1,5 l Gemüsebrühe
schwarzer Pfeffer
½ Bund Basilikum
½ Bund glatte Petersilie
1 EL Olivenöl (extra vergine)

NÄHRWERTE
PRO PORTION:

Kalorien: 361 kcal
Kohlenhydrate: 52 g
Fett: 16 g
Eiweiß: 7 g

1. Kartoffeln schälen, waschen und in kleine Würfel schneiden.

2. Lauch, Zucchini und Staudensellerie putzen, waschen und in dünne Scheiben schneiden.

3. Möhre, Zwiebel und Knoblauch schälen und hacken.

4. Rapsöl in einer Pfanne erhitzen und die vorbereiteten Zutaten etwa 10 Min. bei mittlerer Hitze anbraten. Dann stückige Tomaten und Gemüsebrühe zugeben, pfeffern und 45 Min. köcheln lassen.

5. Basilikum und Petersilie waschen, trocken schütteln und fein hacken. Die Suppe auf zwei Teller verteilen, mit Kräutern bestreuen und mit Olivenöl beträufeln.

TIPP
Die Minestrone lässt sich, wie die meisten Eintöpfe, hervorragend vorkochen. Und wie Oma schon wusste: Aufgewärmt schmeckt's noch besser. Im Kühlschrank kannst du sie in einem verschlossenen Behälter 4–5 Tage aufbewahren.

INDISCHES CHANA-MASALA

FÜR 2 PERSONEN
45 MIN. ZUBEREITUNG

1 weiße Zwiebel
2 Knoblauchzehen
½ Aubergine
3 kleine, mehligkochende Kartoffeln
½ rote Paprika
1 EL Rapsöl
½ rote Chilischote
1 Stück Ingwer (ca. 1 cm)
½ TL gemahlener Kreuzkümmel (Cumin)
½ TL Kurkuma
½ Dose stückige Tomaten (200 g)
150 g Kokosmilch (aus dem Tetrapak)
70 g schwarzer Reis
Salz
½ Glas Kichererbsen (110 g Abtropfgewicht)
½ Bund Koriander

1. Zwiebel und Knoblauch abziehen und fein hacken. Aubergine waschen, Kartoffeln schälen, Paprika waschen und Kerngehäuse entfernen. Alles in ca. 2 x 2 cm große Würfel schneiden.

2. Rapsöl in einem großen Topf erhitzen, darin Zwiebel und Knoblauch bei mittlerer Hitze 3–4 Min. anbraten. Aubergine, Kartoffeln und Paprika zugeben und weitere 3–4 Min. mitbraten.

3. Chilischote waschen, aufschneiden und entkernen, Ingwer schälen. Beides ganz fein hacken und zusammen mit Kreuzkümmel und Kurkuma in den Topf geben. Stückige Tomaten und Kokosmilch zugeben und alles 20–30 Min. bei niedriger Hitze köcheln lassen.

4. In der Zwischenzeit den schwarzen Reis gut waschen, dann nach Packungsanweisung in Salzwasser garen.

5. Kichererbsen in ein Sieb abgießen, gründlich abbrausen und abtropfen lassen. In den Topf geben und noch mal 5 Min. köcheln lassen.

6. Koriander waschen, trocken schütteln und die Blättchen abzupfen. Chana-Masala mit dem Reis servieren und Koriander drüberstreuen.

NÄHRWERTE
PRO PORTION:

Kalorien: 516 kcal
Kohlenhydrate: 76 g
Fett: 21 g
Eiweiß: 12 g

HIRSE AN RATATOUILLE

FÜR 2 PERSONEN
75 MIN. ZUBEREITUNG

½ Aubergine
Salz
½ Zucchini
½ rote Paprika
5 eingelegte grüne Peperoni
1 weiße Zwiebel
2 Knoblauchzehen
1 EL Rapsöl
½ Dose stückige Tomaten (200 g)
1 EL Oregano
schwarzer Pfeffer
120 g Hirse
2 EL Olivenöl (extra vergine)

NÄHRWERTE
PRO PORTION:

Kalorien: 469 kcal
Kohlenhydrate: 62 g
Fett: 21 g
Eiweiß: 11 g

1. Aubergine waschen, würfeln, mit ½ TL Salz bestreuen und in einem Sieb ziehen lassen.

2. Zucchini und Paprika waschen, Paprika entkernen und beides in kleine Stücke schneiden. Peperoni abtropfen lassen und in feine Ringe schneiden. Zwiebel und Knoblauch schälen und in dünne Scheiben schneiden.

3. Rapsöl in einer Pfanne erhitzen. Zwiebel und Knoblauch darin anbraten, dann nach und nach Paprika, Aubergine, Zucchini und Peperoni hinzugeben und 10 Min. bei mittlerer Hitze braten.

4. Stückige Tomaten hinzufügen und mit Oregano, Salz und Pfeffer würzen, dann für mindestens 45 Min. mit geschlossenem Deckel köcheln lassen.

5. In der Zwischenzeit Hirse nach Packungsanweisung garen.

6. Das Ratatouille mit der Hirse servieren und Olivenöl darüber verteilen.

WOCHE 2

Taste the difference – erweiterter Geschmackshorizont

Es gibt ein paar neue Zutaten zu entdecken: leckeres Mandelmus und schmelzende Hefeflocken. Und du wirst erfahren, wie du aus Cashewkernen eine köstliche cremige Käsesauce zaubern kannst. Auch Süßes ist dabei: Freu dich auf Muffins und Pancakes.

BANANA BREAD PANCAKES

FÜR 2 PERSONEN
40 MIN. ZUBEREITUNG

1 ½ reife Bananen
260 ml Pflanzendrink (z. B. Soja,
Hafer, Mandel)
1 EL Ahornsirup
1 TL Kokosöl
185 g Dinkelmehl (Type 630)
2 TL Backpulver
1 TL gemahlene Haselnüsse
vegane Schokodrops nach Belieben
2 TL Rapsöl

NÄHRWERTE
PRO PORTION:

Kalorien: 537 kcal
Kohlenhydrate: 92 g
Fett: 14 g
Eiweiß: 20 g

1. Bananen schälen und in einer Schüssel zerdrücken. Pflanzendrink, Ahornsirup und Kokosöl hinzugeben, alles gut vermischen.

2. Dinkelmehl, Backpulver und gemahlene Haselnüsse in einer kleine Schüssel vermischen, dann unter die flüssigen Zutaten rühren. Nach Belieben die Schokodrops vorsichtig unterheben.

3. Rapsöl in einer großen Pfanne erhitzen. Die Pancakes auf niedriger bis mittlerer Stufe nach und nach ausbacken: Pro Pancake 2–3 EL Teig in die Pfanne geben, so lange anbraten, bis Blasen entstehen und die Ecken etwas fest werden, dann wenden.

TIPP
Die Pancakes schmecken pur sehr lecker, aber auch mit Bananen, Beerenfrüchten, Pflanzenjoghurt oder klassisch mit Ahornsirup.

FRENCH TOAST

FÜR 2 PERSONEN
20 MIN. ZUBEREITUNG

5 EL Mandeldrink
4 TL Vanillezucker
1 Msp. Zimt
6 Scheiben Vollkorn-Toast
2 EL Rapsöl

NÄHRWERTE PRO TOAST:

Kalorien: 361 kcal
Kohlenhydrate: 48 g
Fett: 14 g
Eiweiß: 13 g

1. Mandeldrink in einem tiefen Teller mit Vanillezucker und Zimt mischen.

2. Toastscheiben nacheinander von beiden Seiten in die Flüssigkeit tauchen.

3. Rapsöl in einer Pfanne erhitzen und die Toastscheiben von beiden Seiten goldbraun anbraten.

TIPP
Der Toast schmeckt lecker mit Joghurt, Quark, Müsli, frischen Beeren oder Bananenscheiben. Statt Mandeldrink kannst du auch Hafer-, Soja- oder Kokosdrink verwenden. Wenn du Kokosdrink verwendest, passen Kokosraspeln oder Kokoschips als Topping sehr gut dazu.

SAFTIGE BLAUBEERMUFFINS

FÜR 6 MUFFINS
45 MIN. ZUBEREITUNG

125 ml Haferdrink
1 TL Apfelessig
50 g Rohrohrzucker
50 ml Rapsöl
Abrieb von ½ Zitrone
½ Pck. Vanillezucker
250 g Dinkelmehl (Type 630)
1 ½ TL Backpulver
1 Prise Salz
200 g frische Blaubeeren

AUSSERDEM:
1 kleine Muffinform

NÄHRWERTE
PRO MUFFIN:

Kalorien: 275 kcal
Kohlenhydrate: 44 g
Fett: 10 g
Eiweiß: 7 g

1. Backofen auf 180° (Umluft) vorheizen. Die Mulden der Muffinform mit Papierförmchen auslegen.

2. In einer großen Schüssel Haferdrink, Apfelessig, Rohrohrzucker, Rapsöl, Zitronenabrieb und Vanillezucker verquirlen.

3. In einer kleineren Schüssel Mehl, Backpulver und Salz mischen, anschließend unter die feuchten Zutaten heben und zu einem gleichmäßigen Teig rühren.

4. Blaubeeren waschen, trocken tupfen, mit etwas Mehl bestäuben und vorsichtig unter den Teig heben. Den Teig gleichmäßig auf die Muffinförmchen verteilen und die Muffins 20–25 Min. backen. Mit einem Holzspieß einstechen, um zu kontrollieren, ob sie gar sind.

5. Backofen ausschalten und Muffins weitere 10 Min. im geöffneten Backofen ruhen lassen. Dann herausnehmen und entweder warm genießen oder abkühlen lassen.

TIPP

Durch das Wenden der Blaubeeren in Mehl verlieren sie beim Backen nicht so viel Flüssigkeit und verfärben die Muffins nicht. Wichtig ist auch, dass du die Blaubeeren erst zum Schluss vorsichtig unterhebst, damit sie nicht matschig werden.

CASHEW-PILZ-CREME

FÜR 4 PERSONEN
20 MIN. ZUBEREITUNG
1 STD. EINWEICHEN

60 g Cashewkerne
2 EL getrocknete Steinpilze
150 g Champignons
2 Knoblauchzehen
1 rote Zwiebel
1 EL Rapsöl
2 EL Leinöl
1 EL Mandelmus (ersatzweise Cashewmus)
2 EL Sojasauce
Salz
schwarzer Pfeffer
1 TL Zitronensaft
½ Bund glatte Petersilie

AUSSERDEM:
1 Twist-off-Glas (ca. 250 ml)

NÄHRWERTE PRO PORTION:

Kalorien: 211 kcal
Kohlenhydrate: 13 g
Fett: 17 g
Eiweiß: 6 g

1. Die Cashewkerne mindestens 1 Std. in kaltem Wasser einweichen. Die getrockneten Steinpilze ca. 20 Min. in kaltem Wasser einweichen.

2. Champignons putzen und grob würfeln. Knoblauch und Zwiebel schälen und fein hacken.

3. Rapsöl in einer Pfanne erhitzen. Steinpilze abgießen, trocken tupfen und zusammen mit den Champignons bei mittlerer bis hoher Hitze 2–3 Min. anbraten. Knoblauch und Zwiebel zugeben, alles 5–6 Min. bei mittlerer Hitze weiterbraten.

4. Pilzmischung etwas abkühlen lassen und in einen Mixer oder ein hohes Gefäß umfüllen. Cashewkerne abgießen, abtropfen lassen und dazugeben. Leinöl, Mandelmus, Sojasauce, Salz, Pfeffer und Zitronensaft dazugeben und alles fein pürieren.

5. Petersilie waschen, trocken schütteln, Blättchen abstreifen und unterheben. Cashew-Pilz-Creme in das Einmachglas füllen und vollständig auskühlen lassen.

TIPP
Die Cashew-Pilz-Creme hält sich in dem Einmachglas etwa eine Woche im Kühlschrank. Dazu passt Vollkornbrot.

KÄSESAUCE

MEAL-PREP

FÜR 2 PERSONEN
20 MIN. ZUBEREITUNG
2 STD. EINWEICHEN
15 MIN. GAREN

60 g Cashewkerne
150 g mehligkochende Kartoffeln
1 Möhre
1 weiße Zwiebel
2 Knoblauchzehen
1 Stück Ingwer (ca. 1 cm)
1 TL Gemüsebrühe
2 EL Hefeflocken
1 EL Senf, mittelscharf
1 TL Zitronensaft
schwarzer Pfeffer
Salz

NÄHRWERTE
PRO PORTION:

Kalorien: 298 kcal
Kohlenhydrate: 35 g
Fett: 14 g
Eiweiß: 12 g

1. Die Cashewkerne mindestens 2 Std. oder über Nacht einweichen.

2. Kartoffeln, Möhren, Zwiebel, Knoblauch und Ingwer schälen und in kleine Stücke schneiden. In einen Topf geben, Gemüsebrühe hinzufügen und so viel Wasser einfüllen, dass die Zutaten gerade so bedeckt sind. Alles in 10–15 Min. bissfest kochen und anschließend etwas abkühlen lassen.

3. Das gegarte Gemüse zusammen mit der Brühe und den restlichen Zutaten in einen Mixer geben und zu einer cremigen Masse verarbeiten.

TIPP

Die Hefeflocken geben der Sauce den typischen Käsegeschmack. Du kannst sie auch sehr gut als Parmesan-Ersatz nutzen. Zudem enthalten sie wertvolle Vitamine und Mineralstoffe. Die Käsesauce passt sehr gut zu jeder Sorte Pasta.

KERNIGER AUSTERNPILZE-SALAT

FÜR 2 PERSONEN
20 MIN. ZUBEREITUNG

200 g Austernpilze
1 Frühlingszwiebel
½ Bund glatte Petersilie
1 EL Sonnenblumenkerne
1 EL Cashewkerne
1 EL Rapsöl
1 Knoblauchzehe
1 EL Sojasauce
schwarzer Pfeffer
1 TL Sesam

**NÄHRWERTE
PRO PORTION:**

Kalorien: 177 kcal
Kohlenhydrate: 12 g
Fett: 13 g
Eiweiß: 7 g

1. Austernpilze vorsichtig putzen und in 2 cm dicke Streifen schneiden.

2. Frühlingszwiebel putzen, waschen, Weißes und Grünes getrennt in feine Röllchen schneiden. Petersilie waschen, trocken schütteln, die Blättchen abstreifen und fein hacken.

3. Sonnenblumenkerne und Cashewkerne ohne Öl in einer Pfanne rösten.

4. Rapsöl in einer Pfanne erhitzen und die Austernpilze scharf anbraten. Den Knoblauch schälen, pressen und dazugeben. Mit Sojasauce ablöschen und pfeffern.

5. Den Salat mit Frühlingszwiebeln und Petersilie garnieren. Zum Schluss mit Sesam bestreuen.

TIPP

Austernpilze haben eine dünne weiße Schicht, die ein wenig wie Schimmel aussieht. Das ist aber völlig normal und solange die Pilze nicht schlecht riechen, sind sie essbar.
Statt der Austernpilze kannst du auch Champignons und Kräuterseitlinge verwenden.

SPICY GLASNUDELSALAT

FÜR 2 PERSONEN
20 MIN. ZUBEREITUNG
12 STD. ZIEHEN

½ Stange Staudensellerie
1 Möhre
150 g Glasnudeln
1 Stück Ingwer (1 cm lang)
½ rote Chilischote
1 EL Weißweinessig
2 EL Sojasauce
1 Prise Rohrohrzucker
2 EL Leinöl
1 Frühlingszwiebel

NÄHRWERTE PRO PORTION:

Kalorien: 419 kcal
Kohlenhydrate: 72 g
Fett: 11 g
Eiweiß: 7 g

1. Sellerie waschen, Möhre putzen und schälen, beides in dünne Stängel schneiden.

2. Glasnudeln mit heißem Wasser übergießen und ziehen lassen, dann abgießen.

3. Ingwer schälen und fein hacken. Chilischote putzen, längs halbieren, entkernen, waschen und sehr fein hacken.

4. Ingwer und Chili mit Weißweinessig, Sojasauce, Rohrohrzucker und Leinöl mischen. Mit Sellerie, Möhre und Glasnudeln vermengen und den Salat über Nacht ziehen lassen.

5. Am nächsten Tag Frühlingszwiebel putzen und waschen. Weißes und Grünes getrennt in feine Röllchen schneiden und den Salat damit garnieren.

TIPP

Glasnudeln werden nur aus Stärke und Wasser hergestellt und sind im gegarten Zustand nahezu durchsichtig. Die Stärke der Glasnudeln kann von Erbsen, Mais und Mungobohnen stammen. Sie sind also auch ideal für Menschen, die kein Gluten vertragen.

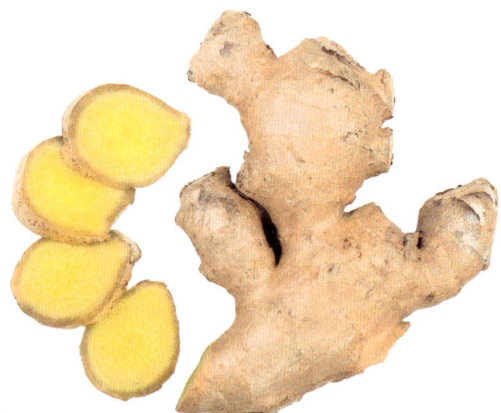

SAHNIGE WALNUSSERBSEN

FÜR 2 PERSONEN
20 MIN. ZUBEREITUNG

1 rote Zwiebel
40 g Walnüsse
1 EL Rapsöl
150 g TK-Erbsen
100 ml Hafercreme (Hafercuisine)
1 TL Sojasauce
schwarzer Pfeffer
Salz
Muskat
1 EL Zitronensaft

NÄHRWERTE
PRO PORTION:

Kalorien: 312 kcal
Kohlenhydrate: 17 g
Fett: 24 g
Eiweiß: 9 g

1. Zwiebel schälen und würfeln. Walnüsse grob hacken.

2. Rapsöl in einer Pfanne erhitzen und die Zwiebel bei mittlerer Hitze 5 Min. anbraten. Walnüsse zugeben und für 2 Min. mit anbraten.

3. Erbsen hinzufügen und mit Hafercreme und Sojasauce ablöschen. Mit Pfeffer, Salz, Muskat und Zitronensaft würzen und 10 Min. köcheln lassen.

TIPP

Pflanzencuisine eignet sich sehr gut zum Kochen. Neben Hafer gibt es die Creme auch auf Basis von Kokos, Reis und Soja. Probiere, was dir am besten schmeckt. Achte auf die Bezeichnung auf der Verpackung: Kochsahne eignet sich nicht zum Aufschlagen, hierfür musst du Schlagsahne verwenden.

KARTOFFEL-CHAMPIGNON-GRÖSTL MIT ZWIEBELN

**FÜR 2 PERSONEN
45 MIN. ZUBEREITUNG**

500 g festkochende Kartoffeln
Salz
200 g braune Champignons
1 weiße Zwiebel
2 EL Rapsöl
schwarzer Pfeffer
1 Stängel Majoran

**NÄHRWERTE
PRO PORTION:**

Kalorien: 315 kcal
Kohlenhydrate: 50 g
Fett: 11 g
Eiweiß: 9 g

1. Kartoffeln gründlich putzen und in Salzwasser 20–25 Min. garen.

2. In der Zwischenzeit Champignons putzen und in feine Scheiben schneiden. Zwiebel schälen, längs halbieren und in feine Halbringe schneiden. 1 EL Rapsöl in einer Pfanne erhitzen und Zwiebel und Champignons darin 3–4 Min. scharf anbraten, Hitze reduzieren und weitere 5 Min. anbraten. Mit Salz und Pfeffer würzen. Mischung aus der Pfanne nehmen und warm halten.

3. Kartoffeln abgießen, kalt abbrausen, etwas abkühlen lassen und in etwa 0,5 cm dicke Scheiben schneiden.

4. Majoran waschen, trocken schütteln und fein hacken.

5. In der Pfanne erneut 1 EL Rapsöl erhitzen und die Kartoffeln mit dem Majoran 6–8 Min. bei mittlerer Hitze goldbraun braten.

6. Pilze und Zwiebeln noch mal kurz mit in die Pfanne geben und vorsichtig mit den Kartoffeln mischen. Abschmecken und servieren.

WOK-GEMÜSE MIT TOFU

**FÜR 2 PERSONEN
30 MIN. ZUBEREITUNG
12 STD. MARINIEREN**

200 g Tofu
1 Knoblauchzehe
½ Chilischote
1 TL Senf
2 EL Sojasauce
2 EL Zitronensaft
2 EL Erdnussöl
½ Brokkoli (ca. 250 g)
1 kleine Stange Lauch
½ rote Paprika
1 EL Rapsöl
Salz
schwarzer Pfeffer

**NÄHRWERTE
PRO PORTION:**

Kalorien: 355 kcal
Kohlenhydrate: 28 g
Fett: 22 g
Eiweiß: 18 g

1. Tofu abtropfen lassen, trocken tupfen und vierteln. Knoblauchzehe schälen und fein hacken. Chilischote putzen, längs halbieren, entkernen, waschen und sehr fein hacken.

2. Knoblauch, Chili, Senf, Sojasauce, Zitronensaft und Erdnussöl zu einer Marinade verrühren und den Tofu darin wenden. Über Nacht abgedeckt im Kühlschrank marinieren.

3. Am nächsten Tag Brokkoli waschen und Röschen von den Stängeln trennen. Stängel in Scheibchen schneiden, Röschen zerkleinern. Lauch waschen, putzen und in Scheiben schneiden. Paprika waschen, entkernen und in Stücke schneiden.

4. Rapsöl in einem Wok oder einer großen Pfanne erhitzen und das Gemüse darin anbraten, mit Salz und Pfeffer abschmecken.

5. Tofu aus der Marinade nehmen. Das Gemüse mit der Marinade ablöschen.

6. Tofu in einer separaten Pfanne ohne zusätzliches Öl anbraten. Mit dem Gemüse servieren.

FUSILLI MIT PAPRIKA-KÄSE-SAUCE

FÜR 2 PERSONEN
45 MIN. ZUBEREITUNG
45 MIN EINWEICHEN

20 g Cashewkerne
1 rote Paprika
1 rote Zwiebel
150 g mehligkochende Kartoffeln
Salz
250 g Fusilli (Vollkorn)
1 Knoblauchzehe
1 rote Chilischote
2 EL Rapsöl
schwarzer Pfeffer
1 TL edelsüßes Paprikapulver
1 EL Zitronensaft
1 TL Dijonsenf
1 TL vegane Worcestershire-Sauce

NÄHRWERTE
PRO PORTION:

Kalorien: 670 kcal
Kohlenhydrate: 114 g
Fett: 19 g
Eiweiß: 22 g

1. Cashewkerne 30–45 Min. in kaltem Wasser einweichen. Danach in ein Sieb abgießen und abbrausen.

2. Den Backofengrill auf 230° vorheizen. Paprika waschen, längs halbieren, weiße Trennwände und Kerne entfernen. Die Hälften mit der Hautseite nach oben auf ein Backblech legen und auf der obersten Schiene ca. 10 Min. grillen, bis die Haut komplett schwarz ist. Das Blech aus dem Backofen nehmen, die Paprika mit feuchtem Küchenpapier bedecken und abkühlen lassen. Dann die schwarze Haut mit einem Messer abziehen.

3. Zwiebel schälen, Kartoffeln gründlich abbürsten und schälen. Beides in Würfel schneiden, mit 500 ml Salzwasser in einen Topf geben und bei mittlerer Hitze in ca. 15 Min. garen.

4. Die Nudeln nach Packungsanweisung in kochendem Salzwasser garen.

5. Knoblauch schälen, Chilischote putzen, entkernen, waschen und beides hacken. Die Kartoffel-Zwiebel-Mischung abgießen, dabei ca. 125 ml Wasser auffangen.

6. Knoblauch, Chili, Kartoffeln, Zwiebel und das aufgefangene Kochwasser in einen Mixer oder in eine hohe Schüssel geben. Geschälte Paprika, Cashewkerne, Rapsöl, Salz, Pfeffer, Paprikapulver, Zitronensaft, Senf und Worcestershire-Sauce ebenfalls hinzufügen.

7. Alles auf höchster Stufe ca. 1 Minute glatt mixen und abschmecken.

8. Die Nudeln in ein Sieb abgießen und abtropfen lassen. Zurück in den Topf geben und mit der Paprika-Käse-Sauce vermischen.

GEFÜLLTE PROTEIN-PAPRIKA

FÜR 2 PERSONEN
45 MIN. ZUBEREITUNG

½ weiße Zwiebel
1 Knoblauchzehe
2 EL Rapsöl
200 g Quinoa (weiß)
½ TL edelsüßes Paprikapulver
250 ml Gemüsebrühe
Salz
schwarzer Pfeffer
4 rote Paprika
1 Bund Schnittlauch
150 g Sojaghurt

NÄHRWERTE
PRO PORTION:

Kalorien: 555 kcal
Kohlenhydrate: 80 g
Fett: 18 g
Eiweiß: 19 g

1. Zwiebel und Knoblauch schälen und fein hacken. In einer Pfanne Rapsöl erhitzen und beides scharf anbraten.

2. Quinoa in einem Sieb unter fließendem Wasser gründlich abbrausen. Zusammen mit dem Paprikapulver in die Pfanne geben und 5 Min. mitbraten.

3. Mit 200 ml Gemüsebrühe ablöschen, salzen, pfeffern und 15 Min. köcheln lassen.

4. Die Paprikaschoten waschen, Deckel abschneiden und die Paprika entkernen. Mit der Quinoamischung füllen und Deckel wieder darauflegen.

5. Die restliche Gemüsebrühe in einem flachen Topf erhitzen, die gefüllten Paprika hineinsetzen und in 15 Min. zugedeckt gar dünsten.

6. Schnittlauch waschen, trocken schütteln, fein hacken und mit dem Sojaghurt, Salz und Pfeffer verrühren.

7. Gefüllte Paprika mit Sojaghurt servieren.

LINSEN-KOKOS-CURRY

**FÜR 2 PERSONEN
25 MIN. ZUBEREITUNG**

1 kleine weiße Zwiebel
2 Knoblauchzehen
1 TL Rapsöl
1 TL Currypulver
¼ TL Kreuzkümmel
1 Msp. Zimt
400 ml Gemüsebrühe
75 g rote Linsen
½ Dose Kichererbsen (110 g Abtropfgewicht)
½ Dose Kokosmilch (aus dem Tetrapak)
2 Stängel Koriander
1 EL Limettensaft
Salz
schwarzer Pfeffer

1. Zwiebel und Knoblauch schälen und fein hacken. Rapsöl in einer Pfanne erhitzen, darin Zwiebel und Knoblauch bei mittlerer Hitze 3–4 Min. anbraten.

2. Currypulver, Kreuzkümmel und Zimt hinzufügen und 1 Min. unter ständigem Rühren kochen. Mit 2 EL Brühe ablöschen und verrühren.

3. Linsen in einem Sieb abbrausen, bis das Wasser klar ist. Kichererbsen in ein Sieb gießen und abspülen. Beides mit der Kokosmilch und restlichen Brühe in die Pfanne geben, vermengen und kurz aufkochen.

4. Die Hitze reduzieren und das Curry 10–15 Min. köcheln lassen, bis die Linsen gar sind.

5. Koriander abbrausen, trocken schütteln und fein hacken. Curry mit Limettensaft, Salz und Pfeffer würzen und mit dem Koriander garnieren.

**NÄHRWERT
PRO PORTION:**

**Kalorien: 360 kcal
Kohlenhydrate: 38 g
Fett: 19 g
Eiweiß: 13 g**

GAZPACHO

MEAL-PREP

FÜR 2 PERSONEN
20 MIN. ZUBEREITUNG
2 STD. KÜHLEN

700 g frische Tomaten
1 Gurke
1 große Gemüsezwiebel
1 rote Paprika
15 Blättchen Basilikum
2 Knoblauchzehen
3 EL Olivenöl
2 EL Zitronensaft
1 TL Salz
schwarzer Pfeffer

1. Tomaten und Gurke waschen, längs halbieren und Kerne entfernen. Zwiebel schälen, Paprika waschen und das Kerngehäuse entfernen.

2. Von allem ein Viertel abnehmen, klein hacken, in eine separate Schüssel füllen und kühl stellen. Den Rest in einen Mixer füllen.

3. Basilikum abbrausen und trocken schütteln. Knoblauch schälen und beides in den Mixer geben. Olivenöl, Zitronensaft, Salz und Pfeffer hinzufügen und alles zu einer glatten Suppe mixen. In eine große Schüssel füllen und etwa 2 Std. in den Kühlschrank stellen.

4. Gazpacho servieren und mit gehackter Tomate, Gurke, Zwiebel und Paprika garnieren.

NÄHRWERTE
PRO PORTION:

Kalorien: 270 kcal
Kohlenhydrate: 30 g
Fett: 16 g
Eiweiß: 6 g

KICHERERBSEN-PFANN-KUCHEN MIT KARTOFFELN

FÜR 2 PERSONEN
30 MIN. ZUBEREITUNG

FÜR DEN TEIG:
125 g Kichererbsenmehl
1 ½ TL Kala-Namak-Salz
1 Prise Kurkuma
1 EL Rapsöl

FÜR DIE FÜLLUNG:
250 g kleine, vorwiegend festkochende Kartoffeln
2 TL Rapsöl
Salz
½ TL edelsüßes Paprikapulver
½ Bund Koriander
2 Handvoll Rucola

NÄHRWERTE PRO PORTION:
Kalorien: 432 kcal
Kohlenhydrate: 59 g
Fett: 14 g
Eiweiß: 17 g

1. Kichererbsenmehl, Kala-Namak-Salz und Kurkuma in einer Schüssel mischen und gut mit 240 ml Wasser verrühren, sodass keine Klümpchen entstehen. Zur Seite stellen.

2. Kartoffeln waschen, schälen und in kleine Würfel schneiden (ca. 1 x 1 cm). Rapsöl in einer Pfanne erhitzen und die Kartoffeln bei mittlerer Hitze braten. Mit Paprikapulver und Salz würzen, den Deckel auf die Pfanne legen und die Kartoffeln ca. 15 Min. garen. Zwischendurch immer wieder umrühren.

3. Zum Ausbacken der Pfannkuchen in einer Crêpe-Pfanne (oder einer normalen großen Pfanne) das Rapsöl erhitzen, die Hälfte des Teiges einfüllen und auf dem gesamten Pfannenboden verteilen. Bei mittlerer Hitze braten. Wenn sich die Seiten lockern und in der Mitte kleine Blasen entstehen, den Teig wenden und auf der anderen Seite ca. 1 Min. braten.

4. Koriander waschen, trocken schütteln und Blättchen abzupfen. Rucola waschen und schleudern.

5. Auf den fertigen Kichererbsen-Pfannkuchen Kartoffeln, Koriander und Rucola verteilen.

TIPP
Kala-Namak, auch als Schwarzsalz bekannt, ist ein Würzmittel, das überwiegend aus Salz besteht. Es hat einen schwefeligen Geruch, der an Eier erinnert. Deshalb wird es gerne in der veganen Küche für Tofu-Rührei verwendet.

PILZRAHMSUPPE

FÜR 2 PERSONEN
1 STD. ZUBEREITUNG

20 g getrocknete Pilze (z. B. Steinpilze)
1 Knoblauchzehe
½ weiße Zwiebel
100 g Champignons
1 EL Rapsöl
250 ml Gemüsebrühe
100 g kleine Suppennudeln
Salz
125 ml Hafercreme (Hafercuisine)
schwarzer Pfeffer
½ Bund Petersilie

NÄHRWERTE
PRO PORTION:

Kalorien: 373 kcal
Kohlenhydrate: 52 g
Fett: 14 g
Eiweiß: 11 g

1. Getrocknete Pilze mit kaltem Wasser abspülen. Mit 300 ml warmem Wasser in eine Schüssel geben und etwa 30 Min. ein-weichen. Dann in ein Sieb abgießen, dabei die Brühe auffangen.

2. Knoblauch und Zwiebel schälen und fein hacken. Champig-nons putzen und in grobe Stücke schneiden.

3. Rapsöl in einem großen Topf erhitzen, darin Knoblauch und Zwiebeln 2–3 Min. anbraten. Champignons zusammen mit den eingeweichten Pilzen (ohne Einweichwasser) dazugeben und 7–8 Min. mitbraten.

4. Gemüsebrühe und das aufgefangene Einweichwasser in den Topf gießen, aufkochen und 15–20 Min. bei niedriger Hitze köcheln lassen.

5. In der Zwischenzeit die Nudeln nach Packungsanwei-sung in kochendem Salzwasser garen, in ein Sieb abgießen und abtropfen lassen.

6. Die Suppe mit einem Pürierstab oder in einem Mixer cremig pürieren. Hafercreme einrühren, mit Salz und Pfeffer würzen und die Nudeln unterrühren.

7. Die Petersilie waschen, trocken tupfen, hacken und über die Suppe streuen.

SÜSSKARTOFFEL-ERDNUSS-SUPPE

FÜR 2 PERSONEN
30 MIN. ZUBEREITUNG

2 Süßkartoffeln
1 weiße Zwiebel
1 Knoblauchzehe
1 Stück Ingwer (ca. 1 cm)
1 rote Paprika
300–400 ml Gemüsebrühe
100 g Räuchertofu
1 EL Rapsöl
30 g Erdnüsse
1 EL Sojasauce
¼ TL gemahlener Kreuzkümmel
(Cumin)
schwarzer Pfeffer
1–2 Stängel Koriander

**NÄHRWERTE
PRO PORTION:**

Kalorien: 422 kcal
Kohlenhydrate: 52 g
Fett: 17 g
Eiweiß: 18 g

1. Süßkartoffeln, Zwiebel, Knoblauch und Ingwer schälen und in kleine Stücke schneiden. Paprika waschen, das Kerngehäuse entfernen und die Paprika ebenfalls klein schneiden. Alles zusammen in einen Topf geben, die Gemüsebrühe angießen und ca. 15 Min. garen, bis das Gemüse weich ist.

2. In der Zwischenzeit Tofu abtropfen lassen, trocken tupfen und in kleine Würfel schneiden. Das Rapsöl in einer kleinen Pfanne erhitzen und Tofu 2–3 Min. scharf anbraten. Erdnüsse, Sojasauce, Kreuzkümmel und schwarzen Pfeffer hinzufügen und weitere 4–5 Min. bei mittlerer Hitze braten.

3. Koriander waschen, trocken schütteln und Blättchen abzupfen.

4. Gemüse mit einem Pürierstab oder im Mixer pürieren. Suppe und Tofu in eine Schüssel füllen, mit Koriander bestreuen und servieren.

TIPP
Die Suppe kannst du auch mit normalen Kartoffeln zubereiten und nach Belieben die Erdnüsse durch Mandeln oder Cashews ersetzen.

WALNUSS-PILZ-RAGOUT

**FÜR 2 PERSONEN
45 MIN. ZUBEREITUNG**

10 g getrocknete Steinpilze
50 g Walnusskerne
½ weiße Zwiebel
1 Knoblauchzehe
1 Stange Staudensellerie
200 g braune Champignons
½ rote Paprika
½ TL Thymian
½ TL Oregano
½ TL Rosmarin
1 EL Rapsöl
½ Dose stückige Tomaten (200 g)
1 EL Tomatenmark
1 EL Sojasauce
200 g Vollkorn-Spaghetti
Salz
1 EL frische Petersilie
Pfeffer

**NÄHRWERTE
PRO PORTION:**

Kalorien: 648 kcal
Kohlenhydrate: 95 g
Fett: 25 g
Eiweiß: 24 g

1. Getrocknete Steinpilze in 150 ml kaltem Wasser 20 Min. einweichen. Pilze in ein Sieb abgießen, dabei das Einweichwasser auffangen. Die Pilze in kleine Stücke schneiden.

2. Walnusskerne fein hacken. Eine kleine Pfanne erhitzen und Walnüsse ohne Öl bei mittlerer Hitze ca. 5 Min. goldbraun rösten, dabei gelegentlich umrühren. Vom Herd nehmen und in eine Schüssel füllen.

3. Zwiebel und Knoblauch schälen und fein hacken. Sellerie waschen, in feine Ringe schneiden. Champignons putzen und würfeln. Paprika waschen, entkernen und in Streifen schneiden. Thymian, Oregano und Rosmarin waschen, trocken schütteln und fein hacken.

4. Rapsöl in einer großen Pfanne erhitzen, darin bei mittlerer Hitze Zwiebel, Knoblauch und Sellerie 4–5 Min. anbraten, bis der Sellerie weich ist. Gemüse und Kräuter in die Pfanne geben und etwa 5 Min. bei mittlerer Hitze mitbraten.

5. Stückige Tomaten, Tomatenmark, Sojasauce und getrocknete Pilze samt Einweichwasser zugeben und das Ragout bei niedriger Hitze 10–15 Min. eindicken lassen. Walnüsse unterheben und weitere 5 Min. köcheln lassen.

6. Spaghetti nach Packungsanweisung in kochendem Salzwasser garen. Petersilie waschen, trocken schütteln und Blättchen abzupfen. Spaghetti in ein Sieb abgießen, mit dem Ragout servieren und alles mit Petersilie bestreuen.

WOCHE 3

Meat-free me – Geschmack ohne Kompromisse

In dieser Woche kommt zum ersten Mal Jackfrucht auf den Tisch und bei einigen der Rezepte wirst du dich an die Konsistenz und den Geschmack von Fleisch erinnert fühlen. Auf alle Fälle bleibt es bunt und abwechslungsreich. Lass dich überraschen und genieße die Gerichte!

FLUFFIGE SCHOKO BRÖTCHEN

FÜR 4 BRÖTCHEN
30 MIN. ZUBEREITUNG
60 MIN. + 30 MIN. RUHEN

60 ml Sojadrink
35 g Rohrohrzucker
4 g Trockenhefe
(ersatzweise ¼ Würfel frische Hefe)
250 g Dinkelmehl (Type 630)
Salz
75 g Sojaghurt
25 g vegane Margarine
(zimmerwarm)
50 g vegane Schokodrops
2 EL Hafercreme (Hafercuisine)

NÄHRWERTE
PRO BRÖTCHEN:

Kalorien: 386 kcal
Kohlenhydrate: 60 g
Fett: 13 g
Eiweiß: 12 g

1. Sojadrink leicht erwärmen, in eine kleine Schüssel geben und 2 EL Zucker und Trockenhefe darin auflösen.

2. In einer großen Schüssel Mehl, ½ TL Salz und den restlichen Zucker vermischen.

3. Nach und nach Hefemischung, Sojaghurt und Margarine zum Mehl geben und alles mit einem Knethaken oder den Händen zu einem geschmeidigen Teig kneten.

4. Eine weitere Schüssel mit Mehl bestäuben, den Teig hineinlegen und mit einem feuchten Geschirrtuch bedecken. Den Teig an einem warmen Ort 50–60 Min. gehen lassen.

5. Anschließend den Teig noch einmal kurz durchkneten und die Schokodrops unterheben. Vier gleich große Brötchen formen, auf ein mit Backpapier ausgelegtes Backblech legen, mit einem Tuch bedecken und 30 Min. gehen lassen.

6. Den Backofen auf 180° (Umluft) vorheizen.

7. Die Brötchen mit Hafercreme bepinseln und im Ofen 15–20 Min. backen, bis die Oberfläche goldgelb ist.

8. Den Ofen ausschalten, die Brötchen noch 5 Min. im Ofen ruhen lassen, danach herausnehmen. Warm genießen oder abkühlen lassen.

APPLE-CRUMBLE FÜR EILIGE

FÜR 2 PERSONEN
20 MIN. ZUBEREITUNG

2 Äpfel
2 EL Rohrohrzucker
Zimt
2 EL Kokosöl
40 g Walnüsse
50 g Haferflocken
50 g Mandelmehl
2 EL Ahornsirup

AUSSERDEM:
1 kleine Auflaufform (15 x 20 cm)

NÄHRWERTE
PRO PORTION:

Kalorien: 342 kcal
Kohlenhydrate: 40 g
Fett: 20 g
Eiweiß: 6 g

1. Den Backofen auf 180° (Umluft) vorheizen.

2. Äpfel waschen, entkernen und in kleine Würfel schneiden. In einer Schüssel mit Rohrohrzucker und Zimt vermengen.

3. Das Kokosöl schmelzen, die Walnüsse hacken. Beides mit Haferflocken, Mandelmehl und Ahornsirup vermengen und mit den Händen zu Streuseln kneten.

4. Die Apfelwürfel in eine kleine Auflaufform füllen, die Streusel darüber verteilen und das Ganze im Ofen 10–12 Min. backen.

TIPP

Am Ende der Garzeit den Herd auf Oberhitze schalten, dann werden die Streusel besonders knusprig. Zum Crumble passen auch Mandelstifte, Haselnüsse und Pekannüsse sehr gut. Die Äpfel kannst du nach Belieben durch Birnen ersetzen.

ERDNUSS-SCHOKO-PANCAKES

**FÜR 2 PERSONEN
40 MIN. ZUBEREITUNG**

FÜR DIE PANCAKES:
185 g Dinkelmehl (Type 630)
2 TL Backpulver
1 Prise Salz
3 EL ungesüßtes Kakaopulver
2 TL Ahornsirup
260 ml Pflanzendrink
(z. B. Soja, Hafer, Mandel)
2 TL Rapsöl

**FÜR DAS ERDNUSS-
TOPPING:**
3 EL Erdnussmus
2 TL Ahornsirup

**NÄHRWERTE
PRO PORTION:**

Kalorien: 530 kcal
Kohlenhydrate: 80 g
Fett: 19 g
Eiweiß: 24 g

1. Mehl, Backpulver, Salz und Kakaopulver in einer Schüssel mischen. Ahornsirup und Pflanzendrink hinzugeben und zu einem glatten Teig rühren. Ein paar Minuten ruhen lassen.

2. In der Zwischenzeit für das Erdnuss-Topping das Erdnussmus mit 100 ml heißem Wasser und Ahornsirup glatt rühren. Eventuell etwas mehr Wasser verwenden, bis es die gewünschte Konsistenz hat.

3. Rapsöl in einer großen Pfanne auf niedrige bis mittlere Stufe erhitzen. Pro Pancake 2–3 EL Teig in die Pfanne geben und so lange anbraten, bis Blasen entstehen und die Ecken etwas fest werden, dann wenden. Die Pfannkuchen nach und nach ausbacken.

4. Pfannkuchen stapeln und Erdnuss-Topping darauf verteilen.

TIPP
Wenn du es knusprig magst, verwende für das Topping Erdnussmus Crunchy. Du kannst auch noch ganze Erdnüsse darauf verteilen. Für das gewisse Extra sorgen gesalzene Erdnüsse – damit bekommst du einen feinen Mix aus süß und salzig.

BANANENSCHMARREN

FÜR 2 PERSONEN
30 MIN. ZUBEREITUNG

1 reife Banane
125 ml Sojadrink
15 g Margarine
½ TL Apfelessig
100 g Dinkelmehl (Type 630)
¼ TL Backpulver
¼ TL Natron
1 Msp. gemahlene Bourbon-Vanille
1 Msp. Zimt
1 EL Rapsöl

NÄHRWERTE
PRO PORTION:

Kalorien: 350 kcal
Kohlenhydrate: 49 g
Fett: 15 g
Eiweiß: 10 g

1. Banane in einer Rührschüssel mit einer Gabel zerdrücken. Sojadrink hinzufügen.

2. Margarine schmelzen und ebenfalls hinzufügen. Alles cremig aufschlagen, dann Essig unterrühren.

3. In einer zweiten Schüssel Mehl mit Backpulver, Natron, Vanille und Zimt vermischen, dann in die Bananenmischung einrühren.

4. Öl in einer großen Pfanne erhitzen und den gesamten Teig einfüllen und in 3–4 Min. stocken lassen.

5. Pfannkuchen wenden und in weiteren 2–3 Min. zu Ende backen. Anschließend in Stücke teilen und servieren.

TIPP

Der Apfelessig sorgt dafür, dass der Schmarren eine fluffige Konsistenz bekommt. Statt Margarine kannst du auch ein neutrales Pflanzenöl verwenden, zum Beispiel Rapsöl. Wenn du Vollkornmehl (Type 1050) nutzen möchtest, musst du eventuell die Flüssigkeitsmenge etwas erhöhen.

WÜRZIGE PAPRIKACREME

**FÜR 4 PERSONEN
30 MIN. ZUBEREITUNG**

50 g Walnüsse
1 rote Paprika
1 Knoblauchzehe
3 Scheiben Zwieback
1 TL Zitronensaft
¼ TL gemahlener Kreuzkümmel
(Cumin)
¼ TL Sambal Oelek
Salz
schwarzer Pfeffer

**NÄHRWERTE
PRO PORTION:**

Kalorien: 150 kcal
Kohlenhydrate: 14 g
Fett: 10 g
Eiweiß: 4 g

1. Walnüsse in einer Pfanne ohne Öl rösten, bis sich ihr Aroma entfaltet. Zur Seite stellen und abkühlen lassen.

2. Den Backofengrill auf 230° vorheizen. Paprika waschen, längs halbieren, weiße Trennwände und Kerne entfernen. Die Hälften mit der Hautseite nach oben auf ein Backblech legen und auf der obersten Schiene ca. 10 Min. grillen, bis die Haut komplett schwarz ist.

3. Das Blech aus dem Backofen nehmen, die Paprika mit einem feuchten Küchenpapier bedecken und abkühlen lassen. Dann die schwarze Haut mit einem Messer abziehen.

4. Geschälte Paprika in kleine Stücke schneiden und in den Mixer geben. Knoblauch schälen, Zwieback zerbröseln und zusammen mit Zitronensaft und Gewürzen ebenfalls in den Mixer geben. Zum Schluss die abgekühlten Walnüsse hinzugeben.

5. Das Ganze solange mixen, bis eine homogene und cremige Masse entsteht.

TIPP

Achtung: Verwende kein Backpapier, um die Paprika zu rösten. Es ist oft nur bis etwa 220° hitzebeständig.

ITALIENISCHER BROTSALAT

FÜR 2 PERSONEN
30 MIN. ZUBEREITUNG

1 Ciabatta (ca. 200 g)
1 TL Rapsöl
10 Cherrytomaten
½ Gurke
1 rote Zwiebel
1 EL Kapern
2 EL grüne Oliven (entsteint)
2 EL schwarze Oliven (entsteint)
10 Blättchen Basilikum

FÜR DAS DRESSING:
2 EL Olivenöl
2 EL Aceto balsamico
½ TL Ahornsirup
Salz
schwarzer Pfeffer
1 Knoblauchzehe

NÄHRWERTE
PRO PORTION:

Kalorien: 450 kcal
Kohlenhydrate: 60 g
Fett: 19 g
Eiweiß: 11 g

1. Ciabatta würfeln. Rapsöl in einer großen Pfanne erhitzen und die Ciabattawürfel bei mittlerer Hitze ca. 5 Min. kross rösten. Dann in eine große Schüssel geben.

2. Tomaten waschen und halbieren. Gurke waschen und in kleine Würfel schneiden. Zwiebel schälen und in Scheiben schneiden. Alles zu den Ciabattawürfeln geben.

3. Kapern und Oliven in ein Sieb abgießen und abtropfen lassen. Basilikum abbrausen, trocken schütteln. Alles zusammen ebenfalls in die Schüssel geben.

4. Für das Dressing Olivenöl, Balsamico, Ahornsirup, Salz und Pfeffer mischen. Knoblauchzehe schälen und dazupressen. Alles über den Salat geben und gut vermengen.

ERFRISCHENDER LINSENSALAT

FÜR 2 PERSONEN
15 MIN. ZUBEREITUNG
30 MIN. GAREN

120 g braune Linsen
Salz
¼ TL Kreuzkümmel
½ Gurke
1 kleine rote Zwiebel
½ gelbe Paprika
4 EL Mais (aus dem Glas)
2 EL grüne Oliven (entsteint)
2 EL Walnüsse
6–8 Blättchen frische Minze

FÜR DAS DRESSING:
2 EL Olivenöl
2 EL Zitronensaft (frisch gepresst)
1 TL Senf, mittelscharf
Salz
schwarzer Pfeffer
1 Knoblauchzehe

1. Linsen in einem Sieb kurz abwaschen und in 400 ml Salzwasser ca. 30 Min. kochen. Anschließend in ein Sieb gießen und mit kaltem Wasser abbrausen, bis das Wasser klar ist. In eine Schüssel geben und mit Kreuzkümmel würzen.

2. Gurke waschen und in kleine Würfel schneiden. Zwiebel schälen und in dünne Scheiben schneiden. Paprika waschen, putzen und in schmale Streifen schneiden.

3. Mais in einem Sieb abtropfen lassen. Oliven halbieren. Walnüsse hacken.

4. Alles zu den Linsen geben und vermengen.

5. Minze abbrausen, trocken schütteln und fein hacken.

6. Für das Dressing Olivenöl, Zitronensaft, Senf, Salz und Pfeffer mischen. Knoblauchzehe schälen und dazupressen.

7. Das Dressing zum Linsensalat geben und mischen. Den Salat mit der Minze bestreuen.

MEAL-PREP

NÄHRWERTE PRO PORTION:

Kalorien: 410 kcal
Kohlenhydrate: 50 g
Fett: 18 g
Eiweiß: 18 g

SESAM-BAGELS MIT HUMMUS UND AUBERGINEN

FÜR 4 BAGELS
1 STD. ZUBEREITUNG
30 MIN. + 30 MIN. RUHEN

FÜR DEN TEIG:
200 g Dinkelmehl (Type 630)
½ TL Rohrohrzucker, Salz
½ Würfel frische Hefe
2 EL Rapsöl
80 g Kerne-Mix

FÜR DIE AUBERGINEN:
1 große Aubergine
2 EL Weißweinessig, Salz
2 EL Rohrohrzucker
2 EL Rapsöl

FÜR DEN HUMMUS:
1 Glas Kichererbsen (220 g
Abtropfgewicht)
1 Knoblauchzehe
3 EL weißes Mandelmus
2 EL Zitronensaft
2 EL Tomatenmark
¼ TL gemahlener Kreuzkümmel
Salz, schwarzer Pfeffer

NÄHRWERTE PRO BAGEL:

Kalorien: 568 kcal
Kohlenhydrate: 62 g
Fett: 31 g
Eiweiß: 17 g

1. Für die Bagels Mehl mit Zucker und ½ TL Salz vermischen. Hefe in 100 ml lauwarmem Wasser auflösen. Eine Mulde in die Mehlmischung drücken. Aufgelöste Hefe und Rapsöl zugeben und alles mit den Händen zu einem geschmeidigen Teig verkneten. Teig mit einem feuchten Küchentuch zugedeckt an einem warmen Ort ca. 30 Min. gehen lassen.

2. Den Teig kurz durchkneten und auf leicht bemehlter Arbeitsfläche ca. 2,5 cm dick ausrollen. Mit einem Ausstecher vier Kreise (ca. 9 cm Ø) ausstechen. Daraus jeweils einen kleinen Kreis (ca. 2,5 cm Ø) ausstechen. Die Ringe auf ein Brett legen, mit einem Tuch bedecken und weitere 30 Min. gehen lassen.

3. Backofen auf 180° (Umluft) vorheizen. Kerne-Mix hacken und auf einen Teller geben. In einem großen Topf Wasser mit 1 EL Salz zum Kochen bringen. Teig-Rohlinge portionsweise hineingeben und ca. 2 Min. ziehen lassen. Bagels mit einer Schaumkelle herausheben, abtropfen lassen und in die Kerne drücken. Bagels auf ein mit Backpapier belegtes Backblech legen und im Ofen 25–30 Min. backen. Herausnehmen und abkühlen lassen.

4. Aubergine waschen und in ca. 1 cm dicke Scheiben schneiden. In einer kleinen Schale Essig mit 3 EL Wasser, ¼ TL Salz und Zucker vermischen. Auberginenscheiben darin wenden und ca. 30 Min. ziehen lassen. Dann abtropfen lassen und trocken tupfen. Rapsöl in der Pfanne erhitzen und Auberginen darin portionsweise goldbraun braten. Auf Küchenpapier abtropfen und abkühlen lassen.

5. Für den Hummus Kichererbsen in ein Sieb gießen, gründlich abbrausen und abtropfen lassen. Knoblauch schälen. Kichererbsen mit Knoblauch, Mandelmus, Zitronensaft und Tomatenmark fein pürieren. Mit Kreuzkümmel, Pfeffer und Salz würzen. Bagels horizontal aufschneiden, mit Hummus bestreichen und Auberginenscheiben darauf verteilen.

GRÜNE GNOCCHI

FÜR 2 PERSONEN
15 MIN. ZUBEREITUNG

400 g vegane Gnocchi
Salz
1 reife Avocado
Saft von ½ Zitrone
1 EL Leinöl
2 EL Hafercreme (Hafercuisine)
Pfeffer
10 Cherrytomaten
2 EL Cashewkerne
1 EL Sesam
2 Stängel Basilikum

NÄHRWERTE PRO PORTION:

Kalorien: 566 kcal
Kohlenhydrate: 77 g
Fett: 25 g
Eiweiß: 12 g

1. Gnocchi nach Packungsanweisung in kochendem Salzwasser garen. In ein Sieb abgießen und abtropfen lassen.

2. In der Zwischenzeit Avocado schälen, entkernen und das Fruchtfleisch in einer Schüssel zerdrücken. Zitronensaft, Leinöl, Hafercreme, Salz und Pfeffer unterrühren.

3. Cherrytomaten waschen, trocken tupfen und in Viertel schneiden. Cashewkerne und Sesam in einer Pfanne ohne Öl kurz anrösten.

4. Avocadomus, Tomaten, Cashewkerne und Sesam mit den Gnocchi vermischen.

5. Basilikum waschen, trocken schütteln, Blätter abzupfen und die Gnocchi damit garnieren.

TIPP

Statt Gnocchi passen auch Schupfnudeln, Spätzle oder einfache Pasta sehr gut. Zum Aufpeppen kannst du frischen Blattspinat oder Rucola hinzufügen.

BUNT GEFÜLLTE BLÄTTERTEIGTASCHEN

FÜR 6 STÜCK
30 MIN. ZUBEREITUNG
15 MIN. BACKEN

½ rote Zwiebel
1 Knoblauchzehe
½ rote Paprika
½ kleine Zucchini
1 TL Rapsöl
2 EL Tomatenmark
2 EL Gemüsebrühe
2 EL Mais (aus dem Glas)
1 Zweig Rosmarin
¼ TL gemahlener Kreuzkümmel
(Cumin)
1 Prise Ingwerpulver
Salz
schwarzer Pfeffer
½ Glas Kidneybohnen
(110 g Abtropfgewicht)
½ Packung veganer Blätterteig
(aus dem Kühlregal)
2 EL Hafercreme (Hafercuisine)

NÄHRWERTE
PRO STÜCK:

Kalorien: 160 kcal
Kohlenhydrate: 17 g
Fett: 9 g
Eiweiß: 4 g

1. Zwiebel und Knoblauch schälen und fein hacken.

2. Paprika und Zucchini waschen, Paprika entkernen und beides in kleine Würfel schneiden.

3. Rapsöl in einer Pfanne erhitzen, Zwiebel und Knoblauch ca. 2 Min. anbraten, danach Paprika und Zucchini hinzugeben und weitere 5 Min. braten.

4. Tomatenmark und Gemüsebrühe einrühren, Mais, Rosmarin und Gewürze dazugeben und alles 20 Min. auf niedriger Stufe köcheln lassen

5. In der Zwischenzeit die Kidneybohnen in ein Sieb gießen, gründlich abbrausen und abtropfen lassen. Etwa 5 Min. vor Ende der Garzeit mit in die Pfanne geben.

6. Blätterteig in sechs gleich große Quadrate schneiden und auf ein mit Backpapier ausgelegtes Backblech legen. Jeweils 2 TL der Füllung in die Mitte eines Teigstücks geben, dreieckig zusammenklappen und die Ränder mit einer Gabel eindrücken, um sie zu schließen.

7. Teigtaschen mit Hafercreme bestreichen und 15 Min. im Ofen goldbraun backen.

TEX-MEX-SÜSSKARTOFFELN

FÜR 2 PERSONEN
35 MIN. ZUBEREITUNG

2 große Süßkartoffeln
½ weiße Zwiebel
1 Knoblauchzehe
1 EL Rapsöl
2 Champignons
½ Zucchini
½ rote Paprika
2 EL Tomatenmark
1 EL Sojasauce
2 EL Hafercreme (Hafercuisine)
½ Glas Kidneybohnen (110 g
Abtropfgewicht)
5 EL Mais (aus dem Glas)

**NÄHRWERTE
PRO PORTION:**

Kalorien: 394 kcal
Kohlenhydrate: 72 g
Fett: 8 g
Eiweiß: 13 g

1. Den Backofen auf 180° (Umluft) vorheizen. Süßkartoffeln gründlich putzen, längs halbieren und auf ein mit Backpapier ausgelegtes Backblech legen. Etwa 30 Min. im Ofen garen.

2. In der Zwischenzeit Zwiebel und Knoblauch schälen und fein hacken. Rapsöl in einer Pfanne erhitzen, darin Zwiebel und Knoblauch etwa 5 Min. bei mittlerer Hitze glasig anbraten.

3. Champignons putzen, Zucchini und Paprika waschen, Paprika entkernen. Das Gemüse würfeln, in die Pfanne geben und 6–8 Min. mitbraten.

4. Tomatenmark, Sojasauce und Hafercreme hinzufügen.

5. Kidneybohnen und Mais in ein Sieb gießen, gründlich abbrausen und abtropfen lassen. In die Pfanne geben und unterrühren.

6. Die Süßkartoffeln aus dem Ofen nehmen, auf einen Teller legen und die Füllung darauf verteilen.

TIPP

Wenn du eine Mikrowelle hast, geht es noch schneller. Einfach die Süßkartoffeln gründlich waschen und von außen mehrmals mit einer Gabel einstechen, nicht halbieren. Dann in ein feuchtes Küchenpapier wickeln und 3 Min. bei 800 Watt garen. Süßkartoffeln wenden und weitere 3 Min. in der Mikrowelle garen. Achtung: heiß!

MEAL-PREP

MEDITERRANE SCHNECKEN

FÜR 6 SCHNECKEN
20 MIN. ZUBEREITUNG
1 STD. + 30 MIN. RUHEN

FÜR DEN TEIG:
1 TL Trockenhefe
1 TL Tomatenmark, Salz
½ TL Oregano getrocknet
¼ TL Knoblauchpulver
2 TL Olivenöl
125 g Dinkelmehl (Type 630)

FÜR DIE FÜLLUNG:
½ rote Zwiebel
2 Knoblauchzehen
4 Champignons
1 TL Rapsöl
½ TL Oregano
½ TL Thymian
¼ TL Knoblauchpulver
Salz
1 TL Aceto balsamico
1 TL Sojasauce
4 EL Tomatenmark
veganer geriebener Käse
(nach Belieben)

NÄHRWERTE PRO SCHNECKE:

Kalorien: 150 kcal
Kohlenhydrate: 24 g
Fett: 5 g
Eiweiß: 6 g

1. 75 ml warmes Wasser in eine Schüssel füllen. Die Trockenhefe einrühren und 5 Min. ruhen lassen.

2. Weitere 75 ml warmes Wasser in eine zweite Schüssel geben und mit Tomatenmark, ½ TL Salz, Oregano, Knoblauchpulver und Olivenöl verrühren. Nach und nach das Mehl und die Hefemischung unterrühren und alles zu einem homogenen Teig kneten. Wenn der Teig zu klebrig ist, noch etwas Mehl hinzufügen.

3. Den Teig zu einer Kugel formen, in eine saubere Schüssel legen, mit einem feuchten Tuch abdecken und an einem warmen Ort etwa 1 Std. gehen lassen.

4. Für die Füllung Zwiebel und Knoblauch schälen und hacken. Champignons putzen, in dünne Scheiben schneiden. Rapsöl in einer Pfanne erhitzen, darin Zwiebel und Knoblauch bei mittlerer Hitze glasig braten. Champignons zugeben und weitere 5 Min. mitbraten. Kräuter, Gewürze, Essig, Sojasauce, Tomatenmark und 40 ml Wasser hinzufügen und alles 3–5 Min. köcheln lassen, bis die Paste andickt. Die Füllung zur Seite stellen.

5. Den Teig auf einer bemehlte Arbeitsplatte etwa 1 cm dick zu einem Rechteck ausrollen. Die Füllung auf dem Teig verteilen, und mit Käse bestreuen, dabei etwa 1 cm an den Rändern aussparen. Teig aufrollen und die Ränder verschließen. Die Rolle mit einem scharfen Messer in sechs Scheiben schneiden.

6. Ein Backblech mit Backpapier auslegen und die Rollen mit etwas Abstand hineinlegen. Abdecken und noch einmal etwa 30 Min. gehen lassen. Den Backofen auf 200° (Ober-/Unterhitze) vorheizen.

7. Pizzaschnecken mit etwas Öl bepinseln, in den Ofen stellen und in 20–25 Min. goldbraun backen. Herausnehmen, kurz abkühlen lassen und warm genießen.

JACKFRUCHT-CURRY

FÜR 2 PERSONEN
45 MIN. ZUBEREITUNG

½ rote Zwiebel
1 Knoblauchzehe
1 Stück Ingwer (1 cm)
200 g Jackfrucht (aus dem Glas)
1 EL Rapsöl
1 TL Currypulver
1 Msp. Cayennepfeffer
100 ml Gemüsebrühe
75 g Kokosmilch (aus dem Tetrapak)
½ Dose stückige Tomaten (200 g)
120 g Parboiled Reis
½ Limette

NÄHRWERTE
PRO PORTION:

Kalorien: 411 kcal
Kohlenhydrate: 77 g
Fett: 12 g
Eiweiß: 8 g

1. Zwiebel, Knoblauch und Ingwer schälen und fein hacken. Jackfrucht in ein Sieb abgießen, abbrausen, trocken tupfen, in einzelne Fasern zerteilen und feste Stücke entfernen.

2. Rapsöl in einer Pfanne erhitzen und alles darin 5 Min. scharf anbraten.

3. Currypulver und Cayennepfeffer hinzufügen und 1 Min. mit anbraten, dann mit Gemüsebrühe ablöschen. Kokosmilch und stückige Tomaten einrühren und weitere 20 Min. köcheln lassen.

4. In der Zwischenzeit den Reis nach Packungsanweisung in Salzwasser garen.

5. Limette auspressen. Curry mit Reis anrichten und mit Limettensaft beträufeln.

TIPP

Typische Zutaten in Curry-Gewürzmischungen sind Kurkuma, Kreuzkümmel (Cumin), Koriander, Zimt, Kardamom, Senfkörner, Paprikapulver, Chilipulver und Ingwerpulver. Die Schärfe hängt von der Zusammensetzung ab, hier kannst du nach deinem Geschmack wählen.

VEGANE HACKBÄLLCHEN MIT BRATENSAUCE

FÜR 2 PERSONEN
50 MIN. ZUBEREITUNG
30 MIN. QUELLEN

FÜR DIE HACKBÄLLCHEN:

2 EL Leinsamen
1 Glas Kidneybohnen
½ rote Zwiebel
2 Knoblauchzehen
30 g Sonnenblumenkerne
50 g Haferflocken
60 g Tomatenmark
½ TL gemahlener Kreuzkümmel
Salz, schwarzer Pfeffer
1 EL Rapsöl

FÜR DIE BRATENSAUCE:

½ rote Zwiebel
1 Stück Ingwer (ca. 1 cm)
1 TL Rapsöl
3 EL Tomatenmark
350 ml Gemüsebrühe
60 ml Hafercreme (Hafercuisine)
3 TL Gewürzmischung (s. Tipp)
Salz, schwarzer Pfeffer

NÄHRWERTE PRO PORTION:

Kalorien: 524 kcal
Kohlenhydrate: 74 g
Eiweiß: 21 g
Fett: 18 g
Ballaststoffe: 15 g

1. Für die Hackbällchen den Leinsamen mit 4 EL Wasser mischen und ca. 30 Min. quellen lassen.

2. Kidneybohnen in ein Sieb gießen, gründlich abbrausen und abtropfen lassen. Backofen auf 180° (Umluft) vorheizen

3. Zwiebel und Knoblauch schälen, grob hacken und in eine Schüssel geben. Sonnenblumenkerne, Haferflocken, Tomatenmark und Gewürze zugeben. Zum Schluss Kidneybohnen und Leinsamen dazugeben und alles zu einer glatten Masse pürieren. Mit angefeuchteten Händen aus der Masse 10–12 kleine Bällchen formen. Rapsöl in einer Pfanne erhitzen und die Bällchen bei mittlerer Hitze 6–8 Min. unter regelmäßigem Umrühren anbraten. Aus der Pfanne nehmen, auf einem mit Backpapier ausgelegten Backblech verteilen und 15–20 Min. backen.

4. Für die Bratensauce Zwiebel und Knoblauch schälen und fein hacken. Ingwer ebenfalls schälen und fein hacken. Rapsöl in einer Pfanne erhitzen, darin Zwiebel und Knoblauch bei mittlerer Hitze anbraten. Nach 3 Min. Tomatenmark hinzugeben und weitere 2–3 Min. braten. Nun Ingwer, Gemüsebrühe und Hafercreme in die Pfanne geben. Gewürze unterrühren und die Sauce 15 Min. bei niedriger Hitze köcheln lassen. Bratensauce mit den Hackbällchen servieren.

TIPP

Zur Bratensauce passt eine Mischung aus Kreuzkümmel (Cumin), Kurkuma, Muskatnuss, edelsüßem Paprikapulver und Oregano. ½ TL Knoblauchgranulat macht sie noch etwas kräftiger. Wenn sie dir zu flüssig ist, mische 1 EL Speisestärke mit 1 EL Wasser, rühre dies unter die Sauce und lasse sie noch mal kurz aufkochen.

PAPRIKA-KICHERERBSEN-AUFLAUF

FÜR 2 PERSONEN
30 MIN. ZUBEREITUNG
35 MIN. GAREN

2 rote Paprika
½ rote Zwiebel
1 EL Rapsöl
50 g Kokosmilch (aus dem Tetrapak)
1 TL Maisstärke
150 ml Haferdrink (ungesüßt)
1 EL Zitronensaft
½ TL edelsüßes Paprikapulver
½ TL gemahlener Kreuzkümmel
(Cumin)
Salz
schwarzer Pfeffer
1 Glas Kichererbsen (220 g Abtropfgewicht)
10 Cherrytomaten
100 g frischer Spinat

NÄHRWERTE
PRO PORTION:

Kalorien: 308 kcal
Kohlenhydrate: 41 g
Fett: 14 g
Eiweiß: 11 g

1. Den Backofengrill auf 230° vorheizen. Paprika waschen, längs halbieren, weiße Trennwände und Kerne entfernen. Die Hälften mit der Hautseite nach oben auf ein Backblech legen und auf der obersten Schiene ca. 10 Min. grillen, bis die Haut komplett schwarz ist.

2. Den Backofen auf 200° (Umluft) einstellen. Das Blech aus dem Backofen nehmen, die Paprika mit feuchtem Küchenpapier bedecken und abkühlen lassen. Dann die schwarze Haut mit einem Messer abziehen.

3. Zwiebel schälen und grob hacken. Rapsöl in einer Pfanne erhitzen und die Zwiebel 3–4 Min. bei mittlerer Hitze glasig an-dünsten.

4. Geschälte Paprika, Kokosmilch, Maisstärke, Haferdrink und Zitronensaft in einen Mixer geben. Mit Paprikapulver, Kreuz-kümmel, Salz und Pfeffer würzen und fein pürieren.

5. Kichererbsen in ein Sieb gießen, gründlich abbrausen, ab-tropfen lassen und unterheben.

6. Tomaten und Spinat waschen und Tomaten vierteln. Alles in eine Auflaufform geben, gut vermischen und in 30–35 Min. im Ofen garen.

NUDELEINTOPF MIT KÄSESAUCE

**FÜR 2 PERSONEN
1 STD. ZUBEREITUNG**

FÜR DAS TOFUHACK:
100 g (Räucher-)Tofu
½ EL Sojasauce
1 TL Rapsöl, Pfeffer
½ TL Knoblauchpulver

FÜR DIE SUPPE:
½ weiße Zwiebel
2 Knoblauchzehen
1 EL Rapsöl
1 EL Tomatenmark
1 Dose stückige Tomaten (400 g)
500 ml Gemüsebrühe
italienische Kräuter
½ TL edelsüßes Paprikapulver
1 EL Hefeflocken
120 g Bandnudeln

FÜR DIE KÄSESAUCE:
40 g Cashewmus
1 EL Zitronensaft
1 EL Hefeflocken
Salz, Pfeffer

**NÄHRWERTE
PRO PORTION:**
Kalorien: 498 kcal
Kohlenhydrate: 67 g
Fett: 19 g
Eiweiß: 20 g

1. Für das Tofuhack den Tofu abtropfen lassen, trocken tupfen und zerbröseln. Alle anderen Zutaten verrühren und mit dem Tofu mischen. Etwa 30 Min. ziehen lassen.

2. Inzwischen für die Suppe Zwiebel und Knoblauch schälen und fein hacken. Rapsöl in einem Topf erwärmen, Zwiebel und Knoblauch 3–4 Min. andünsten, Tomatenmark hinzugeben und unter Rühren weitere 5 Min. dünsten.

3. Stückige Tomaten und Gemüsebrühe zugeben. Mit italienischen Kräutern, Paprikapulver, Hefeflocken und Ahornsirup würzen, alles gut miteinander verrühren und 10 Min. köcheln lassen.

4. Die Nudeln in die Suppe geben und weitere 10 Min. köcheln lassen, bis die Nudeln bissfest sind.

5. Eine Pfanne erhitzen und Tofuhack ohne Fettzugabe 3–4 Min. scharf anbraten. Hitze reduzieren und weitere 5–6 Min. braten.

6. Für die Käsesauce Cashewmus mit Zitronensaft, Hefeflocken, Salz und Pfeffer mit einem Pürierstab fein pürieren. Nach und nach etwas Wasser hinzugeben, bis eine cremige Konsistenz entsteht.

7. Tofuhack In die Suppe einrühren und alles abschmecken. Wenn die Suppe zu dickflüssig ist, noch etwas Gemüsebrühe hinzugeben. Die Suppe in eine Schüssel füllen, mit der Käsesauce toppen und servieren.

TIPP

Italienische Kräuter gibt es als fertige Gewürzmischungen zu kaufen. Sie enthalten zum Beispiel Oregano, Basilikum, Majoran, Thymian, Petersilie, Bohnenkraut und Salbei.

CHILI SIN CARNE

**FÜR 2 PERSONEN
75 MIN. ZUBEREITUNG**

1 rote Zwiebel
2 Knoblauchzehen
100 g Räuchertofu
1 EL Rapsöl
1 Zweig Rosmarin
1 Möhre
¼ Knollensellerie
½ rote Paprika
100 ml veganer Rotwein
100 ml Gemüsebrühe
½ Dose stückige Tomaten (200 g)
½ TL Thymian
1 Prise Chilipulver
Salz
schwarzer Pfeffer
150 g Basmatireis
½ Glas Kidneybohnen (110 g Abtropfgewicht)
3 EL Mais (aus dem Glas)

1. Zwiebel und Knoblauch schälen und fein hacken. Räuchertofu abtropfen lassen, trocken tupfen und mit einer Gabel zerbröseln. In einer Pfanne Rapsöl erhitzen, darin Räuchertofu mit Zwiebeln und Knoblauch sowie Rosmarin ca. 5 Min. scharf anbraten.

2. Möhre und Knollensellerie schälen und in Scheiben schneiden. Paprikaschote waschen, entkernen und würfeln. Gemüse nach und nach in die Pfanne geben und ca. 10 Min. bei mittlerer Hitze braten.

3. Rotwein, Gemüsebrühe und stückige Tomaten zugeben, alles mit Thymian, Chilipulver, Salz und Pfeffer würzen und mindestens 45 Min. köcheln lassen.

4. Inzwischen den Reis nach Packungsanweisung in Salzwasser garen.

5. Kidneybohnen und Mais in ein Sieb gießen, gründlich abbrausen und abtropfen lassen.

6. Kidneybohnen und Mais zum Chili geben und ca. 10 Min. mitköcheln lassen. Mit dem Reis servieren.

**NÄHRWERTE
PRO PORTION:**

Kalorien: 580 kcal
Kohlenhydrate: 96 g
Fett: 10 g
Eiweiß: 20 g

MEAL-PREP

QUETSCHKARTOFFELN MIT OFENGEMÜSE

FÜR 2 PERSONEN
45 MIN. ZUBEREITUNG

500 g kleine, vorwiegend festkochende Kartoffeln
1 rote Paprika
½ Zucchini
2 EL Rapsöl
¼ TL edelsüßes Paprikapulver
½ TL Oregano
½ TL Thymian
Salz
Pfeffer

FÜR DEN DIP:
½ Bund Basilikum
½ Bund Schnittlauch
Saft von ½ Zitrone
1 EL Leinöl
250 g Sojaghurt
Salz
Pfeffer

1. Kartoffeln gründlich waschen und mit Schale in ca. 20 Min. bissfest kochen. Wasser abgießen und Kartoffeln trocken tupfen.

2. Backofen auf 180° (Umluft) vorheizen. Paprika waschen, längs halbieren und Kerngehäuse entfernen. Zucchini waschen und ebenfalls längs halbieren.

3. In einer kleinen Schüssel Rapsöl mit Paprikapulver, Oregano, Thymian, Salz und Pfeffer vermischen.

4. Kartoffeln auf einem mit Backpapier ausgelegten Backblech verteilen und mit der flachen Hand zerquetschen. Paprika und Zucchini ebenfalls auf das Blech legen. Alles mit der Marinade einpinseln und etwa 20 Min. backen.

5. In der Zwischenzeit für den Dip Basilikum und Schnittlauch waschen, trocken schütteln und fein hacken. Zusammen mit Zitronensaft und Leinöl unter den Sojaghurt mischen und mit Salz und Pfeffer würzen.

6. Gemüse aus dem Ofen nehmen und mit dem Dip servieren.

NÄHRWERTE
PRO PORTION:

Kalorien: 421 kcal
Kohlenhydrate: 55 g
Fett: 19 g
Eiweiß: 12 g

WOCHE 4

Challenge accepted –
vegan kochen wie ein Profi

Nun hast du schon etwas Übung und bist vertraut mit verschiedenen speziellen veganen Zutaten. Da darf es auch mal ein wenig aufwendiger sein. Die Rezepte in dieser Woche sind dennoch gut nachzukochen und bieten noch einmal neue geschmackliche Varianten.

KIRSCHTASCHEN

FÜR 6 STÜCK
20 MIN. ZUBEREITUNG
15 MIN. BACKEN

1 Glas Kirschen (220 g Abtropfgewicht)
1 EL Rohrohrzucker
1 TL Zimt
1 TL Zitronensaft
1 EL Vanille-Puddingpulver
1 Pck. veganer Blätterteig (aus dem Kühlregal)
2 EL Hafercreme (Hafercuisine)
1 Prise Kurkuma
Vanillezucker (nach Belieben)

NÄHRWERTE
PRO STÜCK:

Kalorien: 172 kcal
Kohlenhydrate: 20 g
Fett: 9 g
Eiweiß: 2 g

1. Kirschen in ein Sieb abgießen, dabei den Saft auffangen. Kirschen in einer Schüssel mit Rohrohrzucker, Zimt und Zitronensaft vermengen.

2. 75 ml von dem aufgefangenen Kirschsaft und Puddingpulver in einen Topf geben und verquirlen. Langsam aufkochen lassen und unter ständigem Rühren die Kirschmischung unterheben.

3. Backofen auf 200° (Umluft) vorheizen.

4. Blätterteig in sechs gleich große Rechtecke schneiden und auf ein mit Backpapier ausgelegtes Backblech legen. Auf die Hälfte jedes Rechtecks 2 EL Kirschfüllung geben, die andere Hälfte des Rechtecks über die Kirschen klappen. Die Ränder mit einer Gabel zart eindrücken, um sie zu verschließen. Mit einem scharfen Messer die Oberseite drei- bis viermal tief einschneiden.

5. Hafercreme mit Kurkuma mischen und die Kirschtaschen damit bestreichen. Nach Belieben etwas Vanillezucker darüberstreuen.

6. Die Kirschtaschen 10–15 Min. backen, bis der Teig aufgegangen und goldbraun ist. Herausnehmen und kurz abkühlen lassen. Am besten lauwarm genießen.

TIPP

Zu den lauwarmen Kirschtaschen schmeckt Vanilleeis oder Vanillesauce sehr lecker.
Veganen Blätterteig findest du in gut sortierten Supermärkten im Kühlregal. Er wird einfach ausgerollt und ist leicht zu verarbeiten.

MEAL-PREP

MANDEL-ZIMT-SCHNECKEN

FÜR 8 STÜCK
15 MIN. ZUBEREITUNG
2 STD. RUHEN

FÜR DEN TEIG:
320 g Dinkelmehl
150 ml lauwarmer Pflanzendrink
(Soja, Mandel)
50 g vegane Margarine
50 g Rohrzucker
1 Pck. Trockenhefe
1 Prise Salz

FÜR DIE FÜLLUNG:
100 g braunes Mandelmus
3 EL Erythrit
2 TL Zimt

AUSSERDEM:
1 Springform (26 cm Ø)
vegane Butter für die Form

NÄHRWERTE
PRO STÜCK:

Kalorien: 290 kcal
Kohlenhydrate: 37 g
Fett: 13 g
Eiweiß: 9 g

1. Alle Zutaten für den Teig in eine Schüssel geben und mit einem Rührgerät (Knethaken) zu einem elastischen Teig verarbeiten.

2. Den Teig zugedeckt mindestens 1 Std. an einem warmen Ort gehen lassen, bis er sein Volumen etwa verdoppelt hat.

3. In der Zwischenzeit die Füllung vorbereiten. Dafür Mandelmus, Erythrit und Zimt in einer kleinen Schüssel mit einem Löffel verrühren.

4. Die Springform einfetten.

5. Den Teig noch einmal kurz durchkneten und auf einer bemehlten Fläche zu einem Rechteck mit ca. 25 cm Seitenlänge ausrollen. Darauf die Füllung bis zu den Rändern gleichmäßig verteilen. Den Teig locker einrollen, in acht Stücke schneiden und die Schnecken mit der Schnittfläche nach oben in die Springform legen.

6. Den Ofen auf 50° (Umluft) vorheizen, danach wieder ausschalten. Die Form mit einem Tuch bedecken und die Schnecken etwa 1 Std. im warmen Ofen gehen lassen.

7. Die Form aus dem Ofen nehmen und den Ofen auf 180° (Ober-/Unterhitze) vorheizen.

8. Nun die Zimtschnecken im heißen Ofen 20 Min. backen. Aus dem Ofen nehmen und warm oder abgekühlt genießen.

ERDNUSSWAFFELN

FÜR 10 WAFFELN
5 MIN. ZUBEREITUNG
30 MIN. QUELLEN
20 MIN. BACKEN

2 EL Chiasamen
250 g Dinkelmehl
1 EL Backpulver
360 ml Pflanzendrink (z. B. Soja,
Mandel, Hafer)
1 EL Apfelessig
3 EL Rapsöl
½ TL Vanilleextrakt
60 g Erdnussmus
2 EL Erythrit

AUSSERDEM:
Öl für das Waffeleisen

NÄHRWERTE
PRO STÜCK:

Kalorien: 175 kcal
Kohlenhydrate: 21 g
Fett: 8 g
Eiweiß: 7 g

1. Chiasamen mit 5 EL Wasser mischen und ca. 30 Min. quellen lassen.

2. Das Waffeleisen aufheizen.

3. Sämtliche restlichen Zutaten in einer Schüssel verrühren und zum Schluss die Chia-Masse hinzufügen.

4. Pro Waffel 2–3 EL Teig in das Waffeleisen geben und ausbacken.

TIPP

Du kannst auch andere Sorten Nussmus verwenden, achte jedoch darauf, dass keine Stückchen drin sind.
Genieße die Waffeln mit frischem Obst und Pflanzenjoghurt.

MINI APPLE PIES

FÜR 6 STÜCK
1 STD. ZUBEREITUNG
20 MIN. BACKEN
20 MIN. ABKÜHLEN

100 g Dinkelmehl (Type 630)
25 g gemahlene Haselnüsse
1 Prise Salz
60 g vegane Margarine
1 Apfel
2 EL Rohrohrzucker + mehr zum
Bestreuen
1 ½ EL Vanille-Puddingpulver
½ TL Zimt
2 EL Hafercreme (Hafercuisine,
nach Belieben)
2 EL Mandelstifte

AUSSERDEM:
6 Tartelette-Förmchen oder
1 kleines Muffinblech

**NÄHRWERTE
PRO STÜCK:**

Kalorien: 184 kcal
Kohlenhydrate: 24 g
Fett: 9 g
Eiweiß: 3 g

1. Mehl, gemahlene Haselnüsse und Salz in einer großen Schüssel vermischen. Kalte Margarine in Stücken und 2 EL kaltes Wasser hinzugeben und alles mit den Händen zu einem homogenen Teig kneten. Teig zu einem flachen Ball formen, mit Frischhaltefolie umwickeln und 20–30 Min. im Kühlschrank ruhen lassen.

2. In der Zwischenzeit den Apfel schälen, entkernen, in kleine Würfel schneiden und in eine Schüssel geben. Mit Zucker, Puddingpulver und Zimt mischen.

3. Den Backofen auf 180° (Umluft) vorheizen.

4. Etwa zwei Drittel des Teiges auf einer bemehlten Arbeitsfläche zu einer etwa 35 x 35 cm großen Fläche ausrollen. Mit einer runden Form (z. B. Glas, Tasse) sechs Kreise mit einem Durchmesser von ca. 10 cm ausstechen. Die Kreise in die Tartelette-Förmchen oder die Vertiefungen des Muffinblechs legen und andrücken.

5. Die Apfel-Zimt-Füllung auf die Törtchen verteilen, sodass sie fast voll sind.

6. Den restlichen Teig für das Gitter rechteckig ausrollen. Mit einem scharfen Messer ca. 1 cm breite Streifen schneiden und zu einem Gitter weben. Aus dem Gitter kleinere Kreise ausstechen (ca. 6 cm Ø) und auf die Törtchen legen, die Seiten vorsichtig festdrücken.

7. Nach Belieben das Gitter mit Hafercreme bestreichen und mit Zucker bestreuen. Mit Mandelstiften garnieren und die Törtchen in ca. 20 Min. goldbraun backen. Aus dem Ofen nehmen, 15–20 Min. abkühlen lassen und erst dann aus der Form lösen.

VEGANE MINI-MOZZARELLA-BÄLLCHEN

FÜR 20 BÄLLCHEN
30 MIN. ZUBEREITUNG
12 STD. EINWEICHEN
24 STD. ZIEHEN

75 g Cashewkerne
125 g Sojaghurt
Salz
½ EL Zitronensaft
1 EL Hefeflocken
1 ½ EL Tapiokastärke
1 TL Agar-Agar-Pulver

AUSSERDEM:
1 Twist-off-Glas (ca. 250 ml)

NÄHRWERTE
PRO BÄLLCHEN:

Kalorien: 24 kcal
Kohlenhydrate: 1 g
Fett: 2 g
Eiweiß: 1 g

1. Die Cashewkerne über Nacht in Wasser einweichen. Am nächsten Tag Einweichwasser abgießen und Cashewkerne abspülen.

2. Cashewkerne, Sojaghurt, 1 TL Salz, Zitronensaft und Hefeflocken im Mixer cremig pürieren, Tapiokastärke hinzugeben und anschließend sofort in eine Schüssel füllen.

3. Agar-Agar-Pulver in einem kleinen Topf mit 60 ml kaltem Wasser auflösen. Langsam unter ständigem Rühren aufkochen lassen. Abkühlen lassen, anschließend Cashewcreme hinzufügen und unter kräftigem Rühren 4–5 Min. unterheben, bis die Masse sehr zäh ist.

4. In eine große Schüssel ausreichend Wasser mit Eiswürfeln füllen. Mit zwei Teelöffeln oder einem Melonenformer die Cashew-Masse nach und nach zu kleinen Bällchen formen und vorsichtig ins Eiswasser legen. Etwa 10 Min. ruhen lassen.

5. Anschließend das Eiswasser abgießen, Mozzarella-Bällchen in ein Einmachglas legen und mit ausreichend Salzwasser (mit 1 TL Salz) übergießen. Vor dem Verzehr am besten 1 Tag ziehen lassen.

MEAL-PREP

MACADAMIA-CHEESE-SANDWICHES

FÜR 2 PERSONEN
30 MIN. ZUBEREITUNG

FÜR DIE SPINAT-FRISCHKÄSE-CREME:
2 Knoblauchzehen
1 TL Olivenöl zum Braten
3 Handvoll frischer Spinat
Salz
2 EL Macadamia-Frischkäse
(Seite 170)

FÜR DAS GRILLED-CHEESE-SANDWICH:
4 Scheiben Vollkornbrot
1 EL vegane Butter (ersatzweise Öl)
120 g geriebener veganer Käse

NÄHRWERTE
PRO PORTION:

Kalorien: 480 kcal
Kohlenhydrate: 51 g
Fett: 24 g
Eiweiß: 18 g

1. Für die Spinat-Frischkäse-Creme den Knoblauch schälen und hacken. Olivenöl in einer Pfanne erhitzen und den Knoblauch kurz anbraten. Spinat und eine Prise Salz dazugeben und eine weitere Minute dünsten, bis der Spinat zusammengefallen ist. Anschließend in eine Schüssel geben, die überschüssige Flüssigkeit ausdrücken und abgießen. Den Macadamia-Frischkäse unterrühren und die Creme abschmecken.

2. Eine große Pfanne ohne Fett auf mittlere Hitze erhitzen.

3. Alle Brotscheiben auf einer Seite mit etwas veganer Butter bestreichen. Sobald die Pfanne heiß genug ist, 2 Scheiben Brot mit der gebutterten Seite nach unten hineinlegen. Auf jede Scheibe etwas geriebenen Käse streuen, die Spinat-Creme und den restlichen Käse darauf verteilen. Nun die anderen beiden Brotscheiben mit der gebutterten Seite nach unten darauflegen.

4. Mit einem Pfannenwender leicht auf das Sandwich drücken, damit der Käse besser schmelzen kann und es besser zusammenhält. Sobald das untere Brot gebräunt ist, das Sandwich umdrehen und auch von der anderen Seite goldbraun knusprig braten (2–4 Min. pro Seite).

MACADAMIA-FRISCHKÄSE

FÜR 4 PERSONEN
15 MIN. ZUBEREITUNG
12 STD. EINWEICHEN
10 STD. FERMENTIEREN

150 g Macadamianusskerne
1 EL weißes Mandelmus
2 TL Leinöl
1 TL Hefeflocken
¾ TL Abrieb von 1 Bio-Zitrone
1 TL Zitronensaft
½ TL Rohrohrzucker
1 Prise Muskatnuss
½ Bund Schnittlauch
½ Bund Basilikum
Salz
schwarzer Pfeffer

AUSSERDEM:
1 Twist-off-Glas (ca. 250 ml)

NÄHRWERTE PRO PORTION:

Kalorien: 175 kcal
Kohlenhydrate: 6 g
Fett: 17 g
Eiweiß: 4 g

1. Macadamianusskerne über Nacht in 150 ml kaltem Wasser einweichen.

2. Am nächsten Morgen die Nüsse in ein Sieb abgießen, kurz abspülen und mit 150 ml frischem Wasser in einem leistungsstarken Mixer oder mit dem Stabmixer zu einer feinen Masse pürieren.

3. Die Masse in eine Schüssel füllen, mit Folie abdecken und 8–10 Std. in der Küche in einer dunklen Ecke stehen lassen. In dieser Zeit fängt die Masse an zu fermentieren und entwickelt ggf. einen leicht säuerlichen Geruch – das ist völlig normal.

4. Schnittlauch und Basilikum waschen, trocken schütteln und fein hacken. Zusammen mit den restlichen Zutaten zur Macadamia-Masse geben, gründlich vermengen und den Frischkäse mit Salz und Pfeffer abschmecken.

TIPP

Der Macadamia-Frischkäse bleibt in einem fest verschließbaren Glas im Kühlschrank 5–7 Tage lang frisch. Bei den Kräutern kannst du gerne variieren und dem Aufstrich dadurch immer wieder einen anderen Geschmack verleihen.

GROBE VEGANE LEBERWURST

FÜR 4 PERSONEN
15 MIN. ZUBEREITUNG

150 g Räuchertofu
½ Glas Kidneybohnen (110 g
Abtropfgewicht)
1 rote Zwiebel
1 EL Rapsöl
1 EL Majoran
1 EL Thymian
Salz
schwarzer Pfeffer
1 EL Weißweinessig
1 EL Leinöl
1 TL Ahornsirup

AUSSERDEM:
1 Twist-off-Glas (ca. 250 ml)

NÄHRWERTE
PRO PORTION:

Kalorien: 83 kcal
Kohlenhydrate: 5 g
Fett: 5 g
Eiweiß: 5 g

1. Räuchertofu in grobe Stücke schneiden. Bohnen in ein Sieb abgießen, gründlich abbrausen und abtropfen lassen. Zwiebel schälen und klein hacken.

2. Rapsöl in einer Pfanne erhitzen und Zwiebeln bei mittlerer Hitze etwa 3 Min. anbraten. Mit Majoran, Thymian, Salz und Pfeffer würzen und kurz weiterbraten.

3. Tofu, Bohnen, Zwiebel, Essig, Leinöl und Ahornsirup zusammen mit 2–3 EL Wasser grob mixen oder pürieren und kräftig abschmecken.

TIPP

Die vegane Leberwurst hält sich fest verschlossen etwa 1 Woche im Kühlschrank. Sie schmeckt besonders gut auf Vollkornbrot. Dank Kidneybohnen und Tofu liefert sie eine gute Portion pflanzliches Protein.

MEXIKANISCHE WRAPS

FÜR 4 WRAPS
40 MIN. ZUBEREITUNG

4 Champignons
1 Knoblauchzehe
1,5 EL Rapsöl
1 TL Sojasauce
½ rote Zwiebel
1 EL Balsamico-Creme
100 g Räuchertofu
6 grüne Oliven (entsteint)
½ rote Paprika
½ Glas Kidneybohnen (110 g
Abtropfgewicht)
4 EL Mais (aus dem Glas)
8 EL Tomatensauce (Seite 91)
½ Bund Schnittlauch
200 g Sojaghurt
4 Salatblätter
1 Avocado
Salz
schwarzer Pfeffer
4 Tortillas (Weizenfladen)

NÄHRWERTE
PRO WRAP:

Kalorien: 380 kcal
Kohlenhydrate: 50 g
Fett: 15 g
Eiweiß: 14 g

1. Champignons putzen und in Scheiben schneiden. Knoblauch schälen und grob hacken. 1 EL Rapsöl in einer Pfanne erhitzen, darin Champignons und Knoblauch scharf anbraten. Nach 5 Min. Sojasauce zugeben und weitere 5 Min. bei mittlerer Hitze braten.

2. Zwiebel in feine Halbringe schneiden. In einem Schälchen mit der Balsamico-Creme mischen und ziehen lassen.

3. Räuchertofu abtropfen lassen, abtrocknen und in ca. 1 cm breite Streifen schneiden. Eine separate Pfanne mit dem restlichen Rapsöl (½ EL) erhitzen und den Tofu anbraten.

4. Oliven abtropfen lassen und in Scheiben schneiden. Paprikaschote waschen, entkernen und in Streifen schneiden. Kidneybohnen und Mais in ein Sieb abgießen, gründlich abbrausen und abtropfen lassen. Zusammen mit Oliven und Paprika mit der Tomatensauce mischen.

5. Schnittlauch waschen, trocken schütteln, fein hacken und mit dem Sojajghurt mischen.

6. Salatblätter putzen, waschen und trocken schleudern. Avocado entkernen, schälen und in Scheiben schneiden.

7. Tortillas nebeneinander auf ein großes Brett legen und nach Belieben die Zutaten darauf verteilen und aufrollen. Dafür etwas mehr als die Hälfte der Tortilla mit Füllung belegen, die nicht belegte Seite auf die Füllung klappen und dann die Tortilla von der Seite aufrollen.

TIPP

Wenn du die Wraps ohne Soja zubereiten möchtest, lasse den Räuchertofu einfach weg oder ersetze ihn durch Erbsenprotein-Schnetzel.

KNUSPRIGE REISBÄLLCHEN

FÜR 6 BÄLLCHEN
20 MIN. ZUBEREITUNG

300 g gekochter Reis vom Vortag
(Sushi- oder Milchreis)
½ EL Sojasauce
½ EL Essig
1 Glas Kichererbsen (220 g
Abtropfgewicht)
1 Frühlingszwiebel
2 EL vegane Chili-Mayo
1 EL Rapsöl

FÜR DEN DIP:
2 EL Leinöl
½ TL Chiliflocken
1 TL Ahornsirup

NÄHRWERTE
PRO BÄLLCHEN:

Kalorien: 222 kcal
Kohlenhydrate: 26 g
Fett: 11 g
Eiweiß: 5 g

1. Reis mit Sojasauce und Essig vermischen.

2. Kichererbsen abgießen und abbrausen, bis der Schaum verschwunden ist. Frühlingszwiebel waschen und in feine Röllchen schneiden. Beides mit veganer Chili-Mayo in einer Schüssel zerdrücken.

3. Mit angefeuchteten Händen je 1–2 EL Reis in der Hand flach drücken, etwas Füllung darauf verteilen, den Reis über der Füllung schließen und flache Bällchen rollen. Die Füllung sollte vollständig mit Reis bedeckt sein, damit nichts rausläuft.

4. In einer Pfanne Rapsöl erhitzen und die Bällchen von beiden Seiten in ca. 5 Min. goldbraun anbraten.

5. Für den Dip Leinöl mit Chiliflocken und Ahornsirup verquirlen und zu den Reisbällchen servieren.

TIPP

Wenn du keine vegane Chili-Mayo findest, kannst du auch normale vegane Mayo nehmen und diese mit etwas Chilipulver oder -flocken würzen.
Es ist wichtig, dass der Reis am Vortag gekocht wurde, damit er besser klebt.

BLUMENKOHLSCHNITZEL

FÜR 2 PERSONEN
20 MIN. ZUBEREITUNG
35 MIN. BACKEN

1 Blumenkohl
Salz
2 EL Rapsöl
2 EL Sojasauce
1 EL Ahornsirup
2 TL edelsüßes Paprikapulver
schwarzer Pfeffer
100 g Paniermehl
3–4 EL Hefeflocken

NÄHRWERTE
PRO PORTION:

Kalorien: 381 kcal
Kohlenhydrate: 51 g
Fett: 13 g
Eiweiß: 21 g

1. Backofen auf 200° (Umluft) vorheizen.

2. Die äußeren Blätter des Blumenkohls und den Strunk entfernen. Blumenkohl waschen und in 2–3 cm dicke Scheiben schneiden. Salzwasser zum Kochen bringen und die Blumenkohlscheiben in etwa 10 Min. garen.

3. Für die Marinade Rapsöl, Sojasauce, Ahornsirup, 1 TL Paprikapulver, Salz und Pfeffer verrühren.

4. Für die Panade auf einem Teller Paniermehl mit Hefeflocken und dem restlichen Paprikapulver (1 TL) mischen.

5. Die Blumenkohlscheiben mit einem Schaumlöffel aus dem Wasser nehmen und mit der Marinade einpinseln. Die marinierten Blumenkohlscheiben von beiden Seiten in der Panade wenden.

6. Die Scheiben auf ein mit Backpapier ausgelegtes Backblech legen und 30–35 Min. backen. Nach etwa 20 Min. wenden.

TIPP
Dazu passen Kartoffeln in jeder Form, ob als Pommes, Püree oder Salzkartoffeln, außderdem ein frischer Salat.

JACKFRUCHT-FAJITAS

**FÜR 2 PERSONEN
45 MIN. ZUBEREITUNG**

200 g Jackfrucht (aus dem Glas)
2 EL Rapsöl
1 EL Sojasauce
½ rote Zwiebel
½ grüne Paprika
½ rote Paprika
1 Knoblauchzehe
½ rote Chilischote
2 EL Tomatenmark
½ TL edelsüßes Paprikapulver
¼ TL gemahlener Kreuzkümmel (Cumin)
100 ml Gemüsebrühe
4 EL Mais (aus dem Glas)
2 EL Ahornsirup
Salz, Pfeffer
4 Tortillas (Weizenfladen)

FÜR DEN DIP:
½ Bund Koriander
80 g Sojaghurt
1 TL Zitronensaft
Salz
schwarzer Pfeffer

1. Jackfrucht in ein Sieb geben, abbrausen, trocken tupfen, in einzelne Fasern zerteilen und feste Stücke entfernen. 1 EL Rapsöl in einer Pfanne erhitzen und die Jackfrucht darin etwa 5 Min. bei mittlerer Hitze anbraten. Mit Sojasauce und 1 EL Wasser ablöschen und die Flüssigkeit verdampfen lassen. Jackfrucht aus der Pfanne nehmen, auf einen Teller geben und beiseitestellen.

2. Zwiebel schälen und in feine Halbringe schneiden. Paprikaschoten waschen, entkernen und in schmale Streifen schneiden. Knoblauchzehen schälen, fein hacken. Chilischote waschen, entkernen und fein hacken.

3. Die Pfanne mit einem Papiertuch auswischen und mit 1 EL Rapsöl erneut erhitzen. Zwiebeln, Paprika, Knoblauch und Chili darin 3–4 Min. scharf anbraten. Nach 2 Min. Tomatenmark, Paprikapulver und Cumin dazugeben. Mit Brühe ablöschen. Mais einrühren, dann die Hitze reduzieren und 3 Min. köcheln lassen. Den Ahornsirup dazugeben und mit Salz und Pfeffer würzen. Erst kurz vor dem Servieren das Jackfrucht-Geschnetzelte in die Pfanne geben und nochmals erwärmen.

4. Für den Dip Koriander waschen, trocken schütteln und fein hacken. Mit Sojaghurt, Zitronensaft, Salz und Pfeffer mischen und gleichmäßig auf die Tortillas streichen, Jackfrucht-Geschnetzeltes darauf verteilen und einrollen.

NÄHRWERTE PRO PORTION:

Kalorien: 422 kcal
Kohlenhydrate: 82 g
Fett: 10 g
Eiweiß: 12 g

TOMATEN-QUICHE

FÜR 4 PERSONEN
1 STD. ZUBEREITUNG
50 MIN. BACKEN

FÜR DEN MÜRBETEIG:
250 g Vollkornmehl
Salz
120 g vegane Butter

FÜR DEN BELAG:
400 g Seidentofu
2 Knoblauchzehen
2 EL Rapsöl
2 EL Speisestärke
2–3 EL Hefeflocken
Salz
½ TL Kala-Namak-Salz
(nach Belieben)
schwarzer Pfeffer
10–12 Cherrytomaten
einige Basilikumblättchen

AUSSERDEM:
1 Tarte- oder Quicheform (24 cm Ø)
vegane Butter für die Form

**NÄHRWERTE
PRO PORTION:**

Kalorien: 706 kcal
Kohlenhydrate: 66 g
Fett: 40 g
Eiweiß: 26 g

1. Mehl und ½ TL Salz in einer großen Schüssel vermischen. Die kalte Butter in Stücken zusammen mit 5 EL kaltem Wasser hinzugeben und alles mit den Händen kneten, bis der Teig zusammenklumpt. Dann den Teig auf eine Arbeitsfläche geben und weiter kneten, bis er schön glatt ist. Anschließend zu einem flachen Ball formen, in Frischhaltefolie wickeln und für etwa 30 Min. in den Kühlschrank legen.

2. Seidentofu abtropfen lassen, Knoblauch schälen und grob hacken. Tofu, Knoblauch, Rapsöl, Speisestärke, Hefeflocken und Gewürze in eine Schüssel geben und cremig pürieren. Die Tomaten waschen und halbieren.

3. Den Backofen auf 180° (Umluft) vorheizen. Die Backform leicht einfetten. Den Teig zwischen zwei Lagen Klarsichtfolie etwas größer als die Form ausrollen, hineinlegen, einen Rand formen und gut festdrücken. Zum Schluss den Boden einige Male mit einer Gabel einstechen.

4. Die Tofu-Masse auf den Mürbeteig streichen und die Tomaten mit der Schnittfläche nach oben darauf verteilen.

5. Die Quiche auf der mittleren Schiene 40–50 Min. backen, bis die Füllung nicht mehr flüssig und die Kruste leicht gebräunt ist. Wenn die Oberfläche zu dunkel wird, kann man die Quiche mit einem Stück Alufolie oder Backpapier abdecken.

6. Die fertige Quiche aus dem Ofen nehmen und vor dem Anschneiden etwa 10 Min. abkühlen lassen. Mit Basilikumblättchen bestreuen und servieren.

VEGANE »FISCH«-FRIKADELLEN

FÜR 6 FRIKADELLEN
45 MIN. ZUBEREITUNG
1 STD. RUHEN

200 g mehligkochende Kartoffeln
Salz
200 g Jackfrucht (aus dem Glas)
1 Frühlingszwiebel
½ Bund glatte Petersilie
2 EL vegane Mayo
schwarzer Pfeffer
2 EL Rapsöl

NÄHRWERTE
PRO PORTION:

Kalorien: 428 kcal
Kohlenhydrate: 62 g
Fett: 19 g
Eiweiß: 7 g

1. Kartoffeln abbürsten, schälen, grob würfeln und in kochendem Salzwasser in 20–25 Min. weich kochen. Wasser abgießen, die Kartoffeln zurück in den Topf geben und stampfen (nicht pürieren). Etwas abkühlen lassen, bis der Kartoffelstampf noch lauwarm ist.

2. In der Zwischenzeit die Jackfrucht in ein Sieb geben, abbrausen, trocken tupfen, in einzelne Fasern zerteilen und feste Stücke entfernen. Frühlingszwiebel putzen, waschen, Weißes und Grünes getrennt in sehr feine Röllchen schneiden. Petersilie waschen, trocken schütteln und fein hacken. Frühlingszwiebel, Petersilie, Jackfrucht und Mayo zum Kartoffelstampf geben. Mit Salz und Pfeffer würzen und alles gründlich vermengen.

3. Die Mischung zu sechs Frikadellen formen. Auf einen Teller legen und abgedeckt 1 Std. im Kühlschrank ruhen lassen.

4. Rapsöl in einer großen Pfanne erhitzen und die Frikadellen darin portionsweise bei mittlerer Hitze von beiden Seiten in ca. 5 Min. goldbraun braten.

TIPP
Die Frikadellen passen gut zu Kartoffelpüree, Reis oder Salat.

LINSENBÄLLCHEN IN TOMATENSUGO

FÜR 2 PERSONEN
1 STD. ZUBEREITUNG

FÜR DIE LINSENBÄLLCHEN:
2 EL Leinsamen
1 weiße Zwiebel
1 Knoblauchzehe
je 1 Zweig Rosmarin u. Thymian
1 EL Rapsöl
1 Glas braune Linsen (220 g Abtropfgewicht)
2 EL Tomatenmark
5 EL Schmelzflocken
1 EL Hefeflocken
½ TL Oregano
1 Prise Chilipulver
½ Bund Petersilie
(Rauch-)Salz, Pfeffer

FÜR DEN SUGO:
1 Knoblauchzehe
½ weiße Zwiebel
1 Zweig Rosmarin
1 EL Rapsöl
1 Dose passierte Tomaten (400 g)
Salz, Pfeffer

NÄHRWERTE PRO PORTION:
Kalorien: 384 kcal
Kohlenhydrate: 48 g
Fett: 16 g
Eiweiß: 16 g

1. Leinsamen mit 6 EL Wasser mischen und etwa 20 Min. quellen lassen.

2. Zwiebel und Knoblauch schälen und fein hacken. Rosmarin und Thymian waschen, trocken schütteln und ebenfalls fein hacken.

3. Rapsöl in einer Pfanne erhitzen, Zwiebel und Knoblauch bei mittlerer Hitze 2–3 Min. anbraten, dann Rosmarin hinzugeben und weitere 2 Min. mitbraten.

4. Linsen in ein Sieb abgießen, gründlich abbrausen und abtropfen lassen. Zwiebelmasse mit Linsen, Tomatenmark, Schmelzflocken, Hefeflocken, Oregano und Chilipulver mit dem Stabmixer grob pürieren. Petersilie waschen, trocken schütteln, Blättchen abzupfen und unterrühren. Mit Salz und Pfeffer würzen und etwa 30 Min. quellen lassen.

5. Backofen auf 180° (Umluft) vorheizen.

6. Nach der Quellzeit 10–12 gleich große Bällchen formen. Diese auf einem mit Backpapier ausgelegten Backblech verteilen und im Ofen 20–25 Min. backen. Nach der Hälfte der Zeit wenden.

7. In der Zwischenzeit den Sugo zubereiten. Dafür Knoblauch und Zwiebel schälen und fein hacken. Rosmarin waschen, trocken schütteln und ebenfalls fein hacken.

8. Rapsöl in einem Topf erhitzen und Knoblauch, Zwiebel sowie Rosmarin andünsten. Passierte Tomaten dazugeben, mit Salz und Pfeffer würzen und bei niedriger Hitze 15–20 Min. reduzieren lassen.

9. Fertige Linsenbällchen zum Tomatensugo geben und vorsichtig unterheben.

BUNTE TEMPEH-SPIESSE

FÜR 2 PERSONEN
30 MIN. ZUBEREITUNG
1 STD. MARINIEREN

200 g Tempeh
1 Stück Ingwer (ca. 1cm)
½ Bund Koriander
2 EL Tandoori-Gewürz
¼ TL Kurkuma
½ TL gemahlener Kreuzkümmel
(Cumin)
Salz
1 EL Zitronensaft
1 TL Ahornsirup
1 TL Rapsöl
200 g Kokosjoghurt (ersatzweise
Sojaghurt)
1 gelbe Paprika
1 rote Paprika
1 rote Zwiebel
150 g Brokkoliröschen
1 EL Rapsöl

AUSSERDEM:
Holzspieße

NÄHRWERTE
PRO PORTION:

Kalorien: 369 kcal
Kohlenhydrate: 36 g
Fett: 16 g
Eiweiß: 28 g

1. Tempeh in Würfel schneiden und 10 Min. dampfgaren, damit er weicher und weniger bitter wird. Dafür etwas Wasser in einem Topf zum Kochen bringen und den Tempeh hineingeben. Das Wasser sollte nur den Boden bedecken, nicht den Tempeh.

2. Ingwer schälen und sehr fein hacken. Koriander waschen, trocken schütteln und Blättchen abzupfen. Zusammen mit Tandoori-Gewürz, Kurkuma, Kreuzkümmel, Salz, Zitronensaft, Ahornsirup und Rapsöl unter den Joghurt rühren.

3. Tempeh trocken tupfen und mit dem Joghurt vermischen.

4. Paprikaschoten waschen entkernen und in mundgerechte Stücke schneiden. Zwiebel schälen und grob zerkleinern. Brokkoliröschen waschen, evtl. etwas zerkleinern. Alles zum Tempeh geben und ebenfalls gut mit dem Joghurt mischen.

5. Zum Marinieren mindestens 1 Std. zugedeckt in den Kühlschrank stellen.

6. Anschließend Tempeh und Gemüse nicht zu dicht auf Spieße stecken.

7. Rapsöl in einer großen Pfanne erhitzen und die Spieße 8–10 Min. bei mittlerer Hitze anbraten, zwischendurch umdrehen.

TIPP
Alternativ kannst du die Spieße auch auf dem Grill zubereiten.

LINSEN-PILZ-RAGOUT MIT POLENTA

FÜR 2 PERSONEN
30 MIN. ZUBEREITUNG

FÜR DIE POLENTA:
125 ml Hafercreme (Hafercuisine)
500 ml Gemüsebrühe
100 g Polenta
Salz
Pfeffer
1 Prise Muskat

FÜR DAS RAGOUT:
200 g braune Champignons
1 weiße Zwiebel
1 EL Rapsöl
1 Glas braune Linsen (220 g
Abtropfgewicht)
1 EL Sojasauce
1 Glas stückige Tomaten
2 EL Tomatenmark
Salz
schwarzer Pfeffer
½ TL Oregano
1 EL Zitronensaft

**NÄHRWERTE
PRO PORTION:**

Kalorien: 531 kcal
Kohlenhydrate: 81 g
Fett: 16 g
Eiweiß: 19 g

1. Für die Polenta in einem Topf Hafercreme und Brühe zum Kochen bringen. Polenta mit einem Schneebesen einrühren und kurz aufkochen lassen. Den Topf vom Herd nehmen und die Polenta mit Salz, Pfeffer und Muskat würzen. Etwa 10 Min. ruhen lassen, dabei ab und zu umrühren.

2. Für das Ragout die Pilze putzen und in feine Scheiben schneiden. Zwiebel schälen und grob würfeln. Rapsöl in einem großem Topf erhitzen und Pilze darin in ca. 3 Min. scharf anbraten. Zwiebel dazugeben und etwa 3 Min. mitbraten.

3. Linsen in ein Sieb abgießen, gründlich abbrausen und abtropfen lassen. Pilz-Zwiebel-Mischung mit Sojasauce ablöschen und 2–3 Min. bei mittlerer Hitze einkochen lassen. Linsen, Tomaten und Tomatenmark zugeben, mit Salz, Pfeffer und Oregano würzen. Aufkochen und unter gelegentlichem Rühren 8–10 Min. bei niedriger Hitze köcheln lassen.

4. Ragout mit Zitronensaft beträufeln und mit der Polenta servieren.

MEAL-PREP

CHILI CHEESE FRIES

**FÜR 2 PERSONEN
45 MIN. ZUBEREITUNG**

500 g festkochende Kartoffeln
4 EL Rapsöl
Salz
1 rote Zwiebel
2 Knoblauchzehen
½ Chilischote
2 Frühlingszwiebeln
100 g Räuchertofu
2 EL Tomatenmark
½ Glas Kidneybohnen (110 g
Abtropfgewicht)
4 EL Mais (aus dem Glas)
Salz
schwarzer Pfeffer

FÜR DIE KÄSESAUCE:
80 g Cashewkerne
4 EL Mais (aus dem Glas)
20 g Hefeflocken
80 ml Haferdrink (ungesüßt)
½ TL Zitronensaft
Salz
schwarzer Pfeffer

**NÄHRWERTE
PRO PORTION:**

Kalorien: 608 kcal
Kohlenhydrate: 80 g
Fett: 25 g
Eiweiß: 21 g

1. Für die Käsesauce die Cashewkerne 30–45 Min. in kaltem Wasser einweichen.

2. Den Backofen auf 180° (Umluft) vorheizen.

3. Kartoffeln abbürsten, schälen, in etwa 0,5 cm dicke Scheiben und diese in 0,5 cm breite Stifte schneiden. In einer Schüssel mit kaltem Wasser waschen, abgießen und trocken tupfen. Die Kartoffelstifte mit 2 EL Rapsöl und Salz vermengen und auf einem mit Backpapier ausgelegten Backblech gleichmäßig verteilen. Auf der mittleren Schiene ca. 20 Min. backen.

4. In der Zwischenzeit Zwiebel und Knoblauch schälen und fein hacken. Chilischote putzen, entkernen, waschen und sehr fein hacken. Frühlingszwiebeln putzen, waschen, Weißes und Grünes getrennt in feine Röllchen schneiden.

5. Räuchertofu abtropfen, trocken tupfen und mit einer Gabel zerbröseln. In einer Pfanne 2 EL Rapsöl erhitzen und Tofu mit der Zwiebel scharf anbraten. Tomatenmark, Chili und Knoblauch hinzugeben und weitere 3–4 Min. bei mittlerer Hitze braten.

6. Bohnen und Mais in ein Sieb abgießen, gründlich abbrausen und abtropfen lassen. Beides in die Pfanne geben, alles mischen und mit Salz und Pfeffer würzen.

7. Das Blech mit den Pommes aus dem Ofen nehmen. Die Pommes einmal wenden, Tofumischung darauf verteilen und mit Frühlingszwiebeln bestreuen. Wieder in den Ofen schieben und weitere 10 Min. backen.

8. Die Cashewkerne in ein Sieb abgießen und abbrausen. Zusammen mit den restlichen Zutaten für die Käsesauce in einen Mixer geben und cremig mixen. Über den fertigen Pommes verteilen.

REZEPTREGISTER

SACHREGISTER

BÜCHER UND LINKS

LESENSWERTE BÜCHER

Biesalski, Hans Konrad / Grimm, Peter / Nowitzki-Grimm, Susanne: **Taschenatlas Ernährung**. Thieme

Burgerstein, Uli P. / Schurgast, Hugo / Zimmermann, Michael B.: **Handbuch Nährstoffe**. Trias

Leitzmann, Claus / Keller, Markus: **Vegetarische und vegane Ernährung**. UTB

Lerchenmüller, Jessica: **Buddha Bowls – Vegan**. Edition Michael Fischer

Parker, Steve: **Kompaktatlas menschlicher Körper**. Dorling Kindersley

Rittenau, Niko / Copien, Sebastian: **Vegan-Klischee ade! Das Kochbuch**. Dorling Kindersley

Rittenau, Niko / Schönfeld, Patrick / Winters, Ed: **Vegan ist Unsinn**. Becker Joest Volk

Rittenau, Niko: **Vegan-Klischee ade!** Becker Joest Volk

Silbernagl, Stefan / Draguhn, Andreas: **Taschenatlas Physiologie**. Thieme

Steeb, Sigrid: **Vegan. Gesund.** humbold

Weber, Anne-Katrin: **Deftig vegan**. Becker Joest Volk

Aus dem GU Verlag

Andreas, Adriane: **Vegan! Das Goldene von GU.** Gräfe und Unzer

Frei-Krömmelbein, Verena: **Taste of life**

Gugetzer, Gabriele: **Vegan**

Just, Nicole: **Die vegane Jeden-Tag-Küche**

Merz, Lena: **Vegan rundum versorgt.**

Schlimm, Sabine / Bodensteiner, Susanne: **Seelenfutter vegan**

Schober, Corinna: **Vegan Backen**

INTERESSANTE UND NÜTZLICHE LINKS

Beiträge zu Ernährungsthemen
www.ernaehrungs-umschau.de

Blog zu Umwelt und Ernährung
www.utopia.de

Deutschland is(s)t vegan – Online-Magazin für Lifestyle, Food & People
www.deutschlandistvegan.de

Kochen und backen mit wenig Zutaten
www.minimalistbaker.com (englisch)

KoRo Drogerie für Großpackungen
www.korodrogerie.de

Online-Shop für vegane Lebensmittel:
www.vekoop.de

ProVeg Organisation
www.proveg.com/de

The Vegan Society
www.vegansociety.com (englisch)

Tierschutzorganisation Peta
www.peta.de

Vegane Ernährung und Laufen mit Katrin und Daniel
www.bevegt.de

Vegane Ernährung mit der veganen Ernährungsberaterin Sofia
www.isshappy.de

Vegane Rezepte mit Nadine und Jörg
www.eat-this.org

Vegane Rezepte mit Tamara und Sebastian
www.simply-vegan.org

Verbraucherschutz und Aufklärung
www.verbraucherzentrale.de

Wissen über Ernährung und Lebensmittel
www.eufic.org/de

Wissenschaftlicher Blog über Ernährung
www.examine.com (englisch)

Wissenschaftlicher Blog über Gesundheit, Ernährung und Wohlbefinden
www.healthline.com (englisch)

DANK

Bei meinem Schreibprozess haben mich viele tolle Menschen unterstützt. Zunächst möchte ich mich bei Nadine Widl bedanken, die mir immer mit Rat und Tat zur Seite gestanden hat. Dann bei meiner Lektorin Annette Gillich-Beltz, die diesem Buch noch mal den letzten Schliff verliehen hat.

Wem ich aber am meisten zu verdanken habe, das sind meine Eltern, die immer hinter mir stehen und mich unterstützen. Zudem bedanke ich bei meiner liebsten Test-Esserin Miri für ihr ehrliches Feedback. Und last but noch least bei Marco. Danke, dass du immer für mich da bist und mich aufgemuntert hast, wenn ich mal (wieder) eine Schreibblockade hatte.

ÜBER DIE AUTORIN

Laura Merten ist Ernährungswissenschaftlerin (M.Sc.), Autorin und Co-Gründerin von Satte Sache, dem Ernährungsblog samt Podcast und Social Media. Unter dem Motto »Mehr wissen, besser essen« übersetzt sie Ernährungswissenschaft in Alltagssprache und begeistert damit zahlreiche Menschen für gesunde Ernährung und mehr Ernährungskompetenz. Vegane Ernährung, Ernährungsmythen, Darm- und Hautgesundheit sind nur einige Themen, über die sie aufklärt.
Neben Satte Sache gibt sie Workshops zum Thema Ernährung, arbeitet als Online-Redakteurin für ein Magazin und ist in der Unternehmensberatung tätig. Auch wenn sie gerade keine neuen Rezepte für ihre Bücher testet, steht sie gerne in der Küche, um für Freunde und Familie zu backen und zu kochen.

Mehr über Laura Merten gibt's hier:
www.sattesache.de

MEHR ENERGIE,
MEHR WOHLBEFINDEN!

IMPRESSUM

© 2022 GRÄFE UND UNZER VERLAG GmbH, Postfach 860366, 81630 München

GU ist eine eingetragene Marke der GRÄFE UND UNZER VERLAG GmbH, www.gu.de

ISBN 978-3-8338-8041-4

1. Auflage 2022

Projektleitung: Nadine Widl
Lektorat: Annette Gillich-Beltz
Bildredaktion: Nele Schneidewind
Umschlaggestaltung: Bettina Stickel, ki 36, München
Layout: independent Medien-Design, München
Herstellung: Susanne Fuhrmann
Satz: Longo AG, Bozen
Repro: Longo AG, Bozen
Druck & Bildung: Printer Trento s.r.l., Trento

Umwelthinweis:

Nachhaltigkeit ist uns sehr wichtig. Der Rohstoff Papier ist in der Buchproduktion hierfür von entscheidender Bedeutung. Daher ist dieses Buch auf PEFC-zertifiziertem Papier gedruckt. PEFC garantiert, dass ökologische, soziale und ökonomische Aspekte in der Verarbeitungskette unabhängig überwacht werden und lückenlos nachvollziehbar sind.

Bildnachweis:

Cover: seasons.agency / Gräfe & Unzer Verlag / Schardt, Wolfgang (Stillleben) und Ikon Images (Fliegendes Schwein);
Innenteil: Fotoproduktion Tina Engel (https://tinaengel.com/): S. 89, 93, 97, 101, 103, 107, 108, 113, 117, 121, 125, 129, 133, 134, 139, 145, 149, 153, 157, 159, 160, 163, 167, 173, 175, 179, 183; Adobe Stock: S. 36_2-4, 36_6-8, 36_10-14, 36_16-19, 38_3, 38_6, 38_11, 38_13, 38_15-16, 52, 54_4, 69_2-5, 86, 94, 99, 105, 115, 131, 136, 143, 146, 155, 169, 180, 184; Getty Images: S. 17, 23, 34, 53; iStock: S. 29, 36_15, 38_2, 38_4, 38_10, 38_14, 75, 84, 141, 154, 168; Stocksy: S. 10, 12, 20, 39, 45, 46, 61, 63, 64, 65, 71, 73, 77; Shutterstock: S. 6, 26, 31, 36, 36_5, 36_9, 38_1, 38_5, 38_7, 38_8, 38_9, 38_12, 42, 43, 50, 54_2-3, 56, 58, 68, 78, 79, 90, 104, 110, 111, 118, 122, 126, 127, 137, 140, 142, 151, 164, 165, 170, 171, 176, 177; V-Label GmbH: S. 54_1;

Syndication:
www.seasons.agency

Wichtiger Hinweis

Die Gedanken, Methoden und Anregungen in diesem Buch stellen die Meinung bzw. Erfahrung der Verfasserin dar. Sie wurden von der Autorin nach bestem Wissen erstellt und mit größtmöglicher Sorgfalt geprüft. Sie bieten jedoch keinen Ersatz für persönlichen kompetenten medizinischen Rat. Jede Leserin, jeder Leser ist für das eigene Tun und Lassen auch weiterhin selbst verantwortlich. Weder Autorin noch Verlag können für eventuelle Nachteile oder Schäden, die aus den im Buch gegebenen praktischen Hinweisen resultieren, eine Haftung übernehmen.

Ein Unternehmen der
GANSKE VERLAGSGRUPPE